Reinhold Ruthe
Wenn's einfach nicht mehr weitergeht

Reinhold Ruthe

Wenn's einfach nicht mehr weitergeht

Strategien gegen Stress, Arbeitssucht und Burnout

Bibliografische Information Der Deutschen Bibliothek
Die Deutsche Bibliothek verzeichnet diese Publikation in der
Deutschen Nationalbibliografie; detaillierte bibliografische Daten
sind im Internet über http://dnb.ddb.de abrufbar.

© 2003 by Joh. Brendow & Sohn Verlag GmbH, Moers
Einbandgestaltung: Georg Design, Münster
Titelfoto: Getty Images
Satz: Satz & Medien Wieser, Stolberg
ISBN 3-87067-986-7
www.brendow-verlag.de

Inhalt

Vorwort

Viele moderne Menschen sitzen in der Stressfalle.

Psychische Belastungen sind für die Gesundheit gravierend. Experten sind weltweit überzeugt, dass ständiger seelischer Druck der rote Faden ist, der viele Krankheiten miteinander verbindet.

Inzwischen sind längst nicht mehr nur die Erwachsenen betroffen. Schon jedes dritte Kind ist stresskrank. Sie haben Magenverstimmungen, Ess- und Schlafstörungen und andere Leiden, die früher nur in fortgeschrittenem Alter auftraten. Studien zufolge nimmt etwa ein Drittel aller Kinder und Jugendlichen Medikamente.

Stress muss sein. Er kann uns zu einem ausgefüllten Leben beflügeln. Er steigert die Leistungsfähigkeit und die Lebensfreude. Stress gehört zum Leben dazu. Kritisch wird es, wenn der Stress *über*hand nimmt, wenn Druck und Belastung unerträglich werden. Dann sprechen wir von Di-Stress, von negativem und zerstörerischem Stress.

Stress, Arbeitssucht und Burnout sind ein gefährliches Dreigespann, das untrennbar miteinander verbunden ist. Die Wertmaßstäbe vieler Menschen sind geprägt vom Streben nach Erfolg. „Höher, schneller, weiter" – diese Schlagworte zählen nicht nur im beruflichen, sondern auch im privaten Bereich.

Die Schattenseite: Wer einsame Spitze sein will und dann mit seinen Plänen Enttäuschungen erlebt, stürzt unweigerlich in die Tiefe.

- Je größer die Erwartungen, desto tiefer der Fall.
- Je höher der Anspruch, desto krasser der Absturz.
- Je stärker der Ehrgeiz, desto schmerzlicher die Belastungen.

Was können wir tun, um diesen lebensnotwendigen Mechanismus, den Gott in unser Leben programmiert hat, nicht zu überfordern?
Haben wir den Mut, negative Stressoren zu meiden?
Bejahen wir Askese und Verzicht, um unser körperliches und seelisches Gleichgewicht nicht zu gefährden?
Verstärken wir positive Vorstellungen, die gesund erhalten und Leib und Seele leistungsfähiger machen?
Wie können wir Hektik und negativen Stress verringern und Gelassenheit einüben? Welche Vorsätze und Lebensziele bestimmen unseren Alltag?
Welchen Stellenwert haben Glaube an Gott, Hoffnung und Vertrauen an den Herrn der Welt?

Wichtig ist: Wählen Sie die Vorschläge aus, die Ihnen helfen und für Sie nützlich sind.
Allen Ratsuchenden möchte ich danken, die mir erlaubt haben, ihre Lebensgeschichte verschlüsselt und verfremdet weiterzugeben.

Kapitel 1

Was ist Stress?

- Stress ist so alt wie die Menschheitsgeschichte.
- Stress ist eine biochemische und verhaltensmäßige Reaktion, eine uralte „Kampf- oder Fluchtreaktion".
- Stress ist ein Selbsterhaltungstrieb.
- Stress ist die körperliche, seelische und verhaltensmäßige Reaktion, sich auf innere und äußere Belastungen richtig einzustellen.
- Stress ist ein Verteidigungssystem, mit allen Lebenssituationen wie Ärger, Sorge, Frustration, Niederlagen und seelischen Konflikten fertig zu werden.
- Stress ist all das, was den Menschen erregt, was ihm Freude oder Schmerz, Krankheit oder Leid zufügt.

Stress ist lebensnotwendig

Das klingt für viele Menschen verrückt, aber es ist tatsächlich die Wahrheit. Der Hirnforscher Hoimar v. Ditfurth sagt: „Stress ist die einzige bisher nachgewiesene Möglichkeit, den Zeiger unserer Lebensuhr zu verlangsamen." Und der Vater der Stressforschung, Dr. H. Selye, schrieb: „Ein Leben ganz ohne Stress ist der Tod."
Der positive Stress ist Eu-Stress, also frohmachender Stress.

Wie ist das zu verstehen?
Der Stressmechanismus, der zum Bauplan Gottes im Leben

von Mensch und Tier gehört, hilft uns, mit Gefahren von innen und außen, mit Angst und Befürchtungen fertig zu werden. Gesunde und ungesunde, normale und unnormale Anforderungen werden vom Organismus zuverlässig verarbeitet.

Daher ist Stress etwas Gutes, eine Alarmreaktion unseres Körpers, mit der er auf seelische und körperliche Beanspruchung reagiert.

Das ganze Leben ist ein *Anpassungsprozess.* Jedem Reiz und damit jedem Stressor versucht sich der Organismus anzupassen.

- Ob der Mensch hungert,
- ob er zu viel isst,
- ob er sich ärgert,
- ob er sich freut,
- ob er deprimiert wird,
- ob er wütend wird,
- ob er Schmerz empfindet,

alle Reize und Gemütsbewegungen verursachen Stress und müssen sorgfältig bearbeitet werden.

Die Antwort des Körpers ist jedes Mal eine Mobilisierung von Kräften. Da wir von Gott grundsätzlich auf Überleben programmiert sind, reagiert dieser Verteidigungsmechanismus programmgemäß. Positiver Stress beinhaltet also:

– Alle Alarmreaktionen, die von draußen oder im Innern kommen, werden hilfreich bearbeitet. Der Mensch kommt wieder ins Gleichgewicht.

– Der Verteidigungsmechanismus wird aktiviert, Drüsen arbeiten und schütten Hormone ins Blut. Der Mensch kommt wieder zur Ruhe.

Der negative Stress

Wir sprechen von Di-Stress, von negativem und zerstöreri-schem Stress. Die Stressoren wie

- große Ängste,
- starke Frustrationen,
- intensiver Lärm,
- Befürchtungen,
- Mobbing in der Firma,
- keine Lebensfreude,
- Feinfühligkeit, Übersensibilität,
- Eifersucht usw.

werden so stark, dass der Verteidigungsmechanismus *über-fordert* wird. Belastungen und Druck werden unerträglich.

Das Stress-Regulierungssystem wird *überbeansprucht*.

Das *Über* bezeichnet das Krankhafte, das stört, verzerrt, be-droht und den Organismus zerstören kann. Das Ergebnis:

– Das wunderbare Verteidigungssystem bricht zusammen.
– Der vom Schöpfer eingebaute biologische Schutzmecha-nismus wird zum Instrument der Selbstzerstörung.

Heute werden wir jedoch nicht in erster Linie – wie bei den Urmenschen – mit Messern, Steinen und Pfeilen bedroht, sondern unsere Stressoren sind häufig seelischer Art.

Wir leiden unter

- Ehe- und Familienkonflikten,
- Antriebslosigkeit,
- Ängstlichkeit,
- Reizüberflutung,
- Vorgesetzten,
- Verkehrsbehinderungen,
- Schul- und Arbeitsüberforderungen usw.

Nur die Reaktionen im Körper sind die gleichen.

Was heißt das?

Jeder erlebt Ängste, Fernsehnachrichten, Unglücke, Mobbing, Kritik und Prüfungen subjektiv. Unser Gehirn reagiert nicht blindlings, sondern jeder Mensch interpretiert ein Ereignis und Erlebnis *persönlich*. Sensible Menschen, die das Gras wachsen hören, die hinter jedem Busch einen Räuber sehen, werden schneller gestresst. Sie leiden mehr und länger.

Menschen mit „starken Nerven" oder Menschen mit „schwachen Nerven" reagieren unterschiedlich. Die einen haben ein starkes Selbstbewusstsein, andere leiden unter Minderwertigkeitsproblemen. Die einen gehen robust mit Niederlagen und Schicksalsschlägen um, andere fühlen sich zerschlagen und signalisieren Versagensgefühle. Ihr Leben ist überschattet von Angst. Sie weinen leicht, nehmen alles tragisch und empfinden ihr Leben als Last. Zwei Personen können die gleiche Situation völlig unterschiedlich wahrnehmen. So kann der eine sie als aufregende und spannende Herausforderung, der andere sie als lebensbedrohlich erleben.

Vererbung und Sozialisation haben unterschiedliche Persönlichkeiten heranwachsen lassen. Die einen sind empfindsam und feinfühlig, demonstrieren ein intensives Empfinden, sie lieben die Schönheit in der Natur und sind aufgeschlossen für alles Schöne. Die andern sehen nur einen Todeskampf in der Natur. Die Starken fressen die Schwachen. Sie leiden mit der elenden Kreatur. Mitleid und Anspannung prägen ihr Lebensgefühl. Ständig sind sie am Rande ihrer Kräfte. Alles, was auf sie einstürmt, überwältigt sie.

Meyers Konservationslexikon brachte schon vor 150 Jahren die richtige Erklärung für das Immunsystem: „In der Medizin versteht man unter Immunität die Widerstandsfähigkeit gegen Ansteckungskeime, welche unter gewöhnlichen Verhältnissen eine Krankheit hervorrufen."

Wir alle sind einer Flut von Krankheitserregern mit unterschiedlichen Anfeindungen ausgesetzt. Auch seelische Belastungen greifen das Immunsystem an. Ohne die körpereigene Abwehr wären wir Viren und Bakterien schutzlos ausgeliefert. Geraten die Abwehrkräfte dagegen aus unterschiedlichen Gründen in Verzug, schaltet der Organismus auf ein entsprechendes Notprogramm um. Er reagiert mit

– erhöhter Temperatur,
– mit Fieber,
– mit Abgeschlagenheit,
– mit Appetiteinbußen,
– Erbrechen und Übelkeit.

Ruhe ist angesagt, damit sich das Immunsystem wieder erholen kann.

Negativstress schadet dem Immunsystem

Negativstress beinhaltet: Hast, Eile, keine Zeit, übermäßige Anspannung, Nervosität.

Furcht vor den unmenschlichen Regeln der Leistungsgesellschaft, Existenz- und Verlustängste, Sorgen vor Vereinsamung, das sind die modernen Stressoren. Negativstress ist heute der Auslöser für viele Zivilisationskrankheiten. Das Immunsystem hat unter dem ständigen Kampf zu leiden, mit den Belastungen fertig zu werden. Die Thymusdrüse stellt

die Produktion der T-Zellen nahezu vollständig ein. Gleichzeitig unterdrückt das körpereigene Kortison aus der Nebenniere die Abwehrzellen. Hält die Hochspannung länger an,
– erfährt der Körper eine erhöhte Infektionsbereitschaft,
– erlebt der Organismus eine Minderung der Abwehrkraft,
– wird der Körper schneller krank.
Die so genannte Psycho-Neuro-Immunologische Forschung zeigt überdeutlich den Zusammenhang zwischen Leib und Seele. Missempfindungen, Angst und Nervosität sind Realitäten, die das Immunsystem belasten. Seelische Faktoren beeinflussen
– Allergien,
– Autoimmunerkrankungen,
– Krebsleiden,
– alle Infektionen.
Je mehr der Mensch zur inneren Ruhe, zur Gelassenheit und zu einer positiven Lebenseinstellung kommt, desto mehr werden die Abwehrzellen aktiviert.

Lärmstress

Zu den schlimmsten Stressoren gehört der Lärm. Durch Lärm fühlen sich viele Menschen belästigt. Wer ständig durch Lärm gereizt wird, erlebt unter Umständen schwerwiegende Folgen. Sie können sein:
– Nervosität,
– leichte Ablenkbarkeit,
– schnelle Ermüdung,
– schlechte Konzentration,
– Herzstörungen,
– unregelmäßige Atmung,
– Blutdrucksteigerung.

Lärm geht durch Mark und Bein. Schon beim Schrillen der Telefone verkrampfen sich die Blutgefäße.
Die Messeinheit für Lautstärke (Schalldruck) heißt Dezibel = dB. Je intensiver Geräusch- und Lärmquellen sind, desto höher steigt die dB-Angabe. Schon bei 80 – 85 dB empfindet das menschliche Ohr unangenehm. Weitere Steigerungen bis zu 140 dB sind schließlich unerträglich und führen ohne Schutz zu gravierenden Hörschäden.[1]

Messeinheit	Lärmquelle	Lärmauswirkungen
40 db	Papierrascheln	Änderung der Schlaftiefe
45-50 db	Normale Unterhaltung	Lernstörungen
50-55 db	Straßenverkehr	Psychische Beeinträchtigung
65-70 db	Wohnung a. d. Hauptstraße	Erhöhtes Risiko
80-85 db	Autobahnverkehr	Gehörschädigung
100-120 db	Kreissäge, Motorrad	Schmerzgrenze bei 120 db

Wenn Sie eine Kreissäge im Ohr haben

Die Rede ist von Tinnitus.
Diese Krankheit gibt der Medizin seit Jahrtausenden Rätsel auf. Schon der griechische Arzt Hippokrates suchte vor Christus nach einer Erklärung für die Phantomgeräusche. Man spricht in Deutschland von etwa drei Millionen betroffenen Menschen. Etwa 250 000 Kranke kommen jedes Jahr hinzu. Rund anderthalb Millionen leiden mittelschwer bis stark, etwa 20 Prozent fühlen sich regelrecht terrorisiert.

Je instabiler die Psyche, umso intensiver die Wahrnehmung, umso gestresster der Mensch. Die Folgen:

- Schlafstörungen,
- Konzentrationsprobleme,
- Kopfschmerzen,
- Ängste und Depressionen,
- soziale Isolation und im Extremfall Berufsunfähigkeit.

In Deutschland gibt es zurzeit über 30 Kliniken, die sich mit der Behandlung von Tinnitus beschäftigen. Als Ursachen gelten zahlreiche Auslöser:

Lärm	niedriger Blutdruck
Allergien	hoher Blutdruck
Infektionen	Tumor am Hörnerv
Halswirbelprobleme	emotionale Belastung
Hörsturz	unlösbare Konflikte
Diabetes	besondere Stresssituationen.

Bei Stress und Angst wird das limbische System aktiviert. Je stärker und anhaltender der Stress, umso lauter der Tinnitus. Die Krankheit warnt also vor zu viel Stress. Ist der Mensch nur noch mit den Geräuschen beschäftigt, verursacht der Stress körperliche Anspannung, Gereiztheit und die Unfähigkeit, sich zu regenerieren.

Hilfe von Ärzten, Seelsorgern und Psychotherapeuten besteht darin,

... den Betroffenen seelisch zu stabilisieren,

... ihn vor Isolation zu bewahren,

... die Benutzung eines Rauschgenerators zu benutzen,

... ihn auf ein Leben mit Tinnitus vorzubereiten.

Eine fachärztliche Untersuchung in Kliniken scheint dringend erforderlich.

Sind Sie eine Stress-Persönlichkeit?

Ein Selbsterforschungsfragebogen
Welche Eigenschaften charakterisieren Sie am besten?

	5	4	3	2	1	
Ich bin leistungsorientiert.						Ich will in erster Linie leben.
Ich habe in der Regel zu viele Termine.						Ich praktiziere einen vernünftigen Terminplan.
Ich komme nie zu spät.						Ich gehe mit Verpflichtungen nicht ernst um.
Ich bin für Stress verantwortlich.						Ich kann Stress aus dem Weg gehen.
Ich sehe meinen Ehrgeiz positiv.						Ich bin nicht besonders ehrgeizig.
Ich habe hohe Erwartungen an mich.						Ich überfordere mich nicht.
Ich falle häufig anderen ins Wort.						Ich kann gut und lange zuhören.
Ich vergesse viele Einzelheiten, weil ich viele Dinge tue.						Ich mache wenige Fehler, weil ich eins nach dem anderen mache.
Ich trinke viel Kaffee.						Ich trinke keinen oder wenig Kaffee.
Ich bringe mich häufig in Spannung.						Ich bin im allgemeinen nicht verspannt.

	5	4	3	2	1	
Ich reagiere mit Schuldgefühlen, wenn ich ausspanne.						Ich kann gut ohne Schuldgefühle entspannen.
Meine Arbeit nimmt mich total in Anspruch.						Meine Arbeit ist nur ein Teil meines Lebens.
Ich brauche viel Anerkennung.						Mir reicht es, wenn man mit meiner Arbeit zufrieden ist.
Ich habe Schwierigkeiten, Aufgaben zu delegieren.						Ich kann gut Aufgaben an andere delegieren.
Ich handele sehr verantwortungs-bewusst.						Ich kann gut Verantwortung delegieren.
Ich bin in allem schnell und hektisch.						Ich gehe im Allgemeinen ruhig an alles heran.
Ich mache in der Regel mehrere Dinge gleichzeitig.						Ich muss nicht mehrere Dinge gleichzeitig in Angriff nehmen.
Ich bin häufig in Eile.						Ich mache mir normalerweise keinen Druck.
Ich gehe gern bis an die Grenzen meiner Möglichkeiten.						Ich lote meine Leistungsgrenzen selten aus.

Hilfen für den Selbsterforschungsfragebogen
„Sind Sie eine Stress-Persönlichkeit?"

1. Füllen Sie bitte die 20 Fragen ohne langes Nachdenken aus. Seien Sie zu sich selbst ehrlich. Stufen Sie sich bei den einzelnen Aussagen in der Tabelle gemäß der Skala 5 bis 1 ein.

2. Addieren Sie zum Schluss die Zahlen, und Sie stellen fest, ob sie dazu neigen, eine Stresspersönlichkeit zu verkörpern.

3. Lassen Sie den Bogen gegebenenfalls von Ihrem Partner ausfüllen, der Ihre Eigenschaften einschätzt.

4. Kämpfen und streiten Sie nicht mit Ihrem Partner, sondern lassen Sie sich erklären, warum er diese oder jene Aussagen höher oder niedriger einschätzt, als Sie es getan hätten.

5. Die Auswertung:
   Wenn Sie 80 - 100 Punkte angekreuzt haben, sind Sie mit großer Wahrscheinlichkeit eine ausgesprochene Stress-Persönlichkeit. Sie leiden unter selbst geschaffenem Stress. Wahrscheinlich sind Sie äußerst ehrgeizig und geraten immer wieder an die Grenze Ihrer Möglichkeiten. Sie powern und erleben immer wieder Erschöpfungssyndrome.
   Es ist ratsam, an der Selbstüberforderung zu arbeiten, um sich vor seelischen und psychosomatischen Störungen und Krankheiten zu schützen.

6. Wenn Sie 60 - 80 Punkte angekreuzt haben, verkörpern Sie auch eine Persönlichkeit, die sich häufig Stress aussetzt, die aber nicht so gefährdet ist wie der Mensch mit einer höheren Punktzahl. Sie leben weniger am Rande Ihrer Kraft und verstehen es besser, einer Überforderung gegenzusteuern. Ihre Spannung und Ihr Stressniveau sind aber auch hoch.

7. Wenn Sie 40 - 60 Punkte erreicht haben, sind Sie eine Mischung aus zwei Persönlichkeitsstrukturen, die gelassen und relativ ausgeglichen sind und sich immer wieder auch zu Hochleistungen anspornen. Es ist auch möglich, dass Sie einen erträglichen Stress produzieren, Ihre Grenzen gut einschätzen können und sich nur selten überfordern.

8. Wenn Sie 10 - 30 Punkte angekreuzt haben, gehören sie zu den Menschen, die gut entspannen können und den Stress im Griff haben. Sie vermeiden Druck und Überforderungssymptome und können sich bei Stress, der in der Regel von draußen kommt, gut arrangieren.

Selbstverständlich zeigen die wenigen Aussagen nur eine bestimmte Richtung an. Im Einzelfall kann vieles bei Ihnen anders sein. Schließlich spielen angeborene Sensibilität, Empfindlichkeit, Neigung zu Angst und Befürchtungen, Neigung zu Introversion und vieles andere mehr eine besondere Rolle. Im Allgemeinen können Sie die zwei beschriebenen Persönlichkeiten an zwei Lebensgrundüberzeugungen erkennen. Wozu gehören Sie?

Sind Sie in erster Linie ein „gelassener" Mensch?

Sind Sie in erster Linie ein „getriebener" Mensch?

Kapitel 2

Wege aus der Überforderung in der Kindererziehung

Stress ist weltweit ein Belastungsfaktor, der schon Kleinstkinder schädigt. Eltern und Erzieher sind sofort mit betroffen.

Stresssymptome bei Kindern
Im letzten Jahr ist im schwedischen Göteborg ein neues Stressforschungszentrum gegründet worden.[1] Leiter ist ein Kardiologe, also ein Herzspezialist. Nach vielen Jahren der Forschung über alle Auswirkungen von Stress auf Kinder schlug er Alarm. Seine Erkenntnisse stammen nicht nur aus Befragungen bei Dritt- und Sechstklässlern, sondern aus physiologischen Untersuchungen von Kindern *vor* dem Schulanfang. Er stellte fest, dass viele Kinder dieser Altersstufe bereits von Arterienverkalkung und Diabetes betroffen sind, die früher nur bei erwachsenen Menschen diagnostiziert wurden. Die Erkenntnis, dass Kinder noch stärker körperlich auf Stress reagieren als Erwachsene, erhärtete sich. Ein Stressfaktor sind unter anderem die unüberschaubaren Gruppen in Kindergärten und Schulen.
Eine zweite Untersuchung wird in der Zeitschrift „Psychologie heute"[2] beschrieben. Die Überschrift charakterisiert das Problem: „Kinder mit Bindungsproblemen zeigen zu wenig Gefühle, stehen aber unter starkem Stress." Drei Forscher untersuchten das Bindungsverhalten von Müttern und

Kindern. In einem Versuchslabor wurden Mütter mit ihren Kindern beobachtet. Die Mütter mussten zweimal ihre Kinder verlassen und jeweils nach einiger Zeit wiederkommen. Das Verhalten von Kindern und Müttern wurde gefilmt und nachher ausgewertet. Gleichzeitig wurden die Herzrate und der Hormonspiegel gemessen. Im Zentrum steht die Frage, wie das Kind mit der belastenden Situation umgeht und wie sein Verhalten mit dem der Mutter zusammenhängt. Bei zahlreichen Versuchen, die weltweit vorgenommen wurden, zeigten sich drei verschiedene Verhaltenstypen.

Typ A: Sicher an die Mutter gebundene Kinder, also mit einer positiven Beziehung, drücken ihren Kummer aus, sie suchen nach der Rückkehr der Mutter Nähe und können sich bei ihr schnell beruhigen. Der Trennungsschmerz lässt sofort nach.

Typ B: „Unsicher-ambivalent-gebundene Kinder" zeigen den Kummer und suchen die Nähe, aber sie können sich nicht beruhigen. Die Mutter verhält sich nicht verlässlich und konstant gegenüber den Kindern. Mal nimmt sie die Kinder zu sich, mal schickt sie sie weg. Für das Kind ist das Verhalten undurchschaubar. Der Stress bleibt hoch. Die Beziehung zwischen Mutter und Kind ist problematisch. Das Kind leidet.

Typ C: „Unsicher-vermeidend-gebundene Kinder" ignorieren sogar die Mutter, wenn sie zurückkommt. Sie spielen einfach weiter. Solche Kinder handeln aus der Erfahrung, dass ihre Wünsche nach Nähe und Trost zurückgewiesen werden. Die Forscher prüften nun: Was geht in den Kindern vor? Sie erhoben physiologische Stressreaktionen bei Kindern mit diesen verschiedenen Reaktionsmustern.

Das Ergebnis ist eindeutig: Bei allen Gruppen stieg die Herzfrequenz gleichermaßen an, obwohl die Unsicher-Vermeidenden so taten, als störte sie die Mutter gar nicht. Als die Forscher allerdings die Speichelproben testeten, und zwar fünfzehn und dreißig Minuten nach dem Trennungsexperiment, um das Stresshormon Kortisol festzustellen, zeigten die Babys aus der Gruppe C den höchsten Kortisolanstieg. Bei den Babys der Gruppe A, also bei den sicher gebundenen, war der Kortisolspiegel abgesunken.

Die dritte Gruppe zeigte auch das größte gehemmte Verhalten. Diese Kinder mussten ihre Gefühle zügeln. Je gehemmter die Kinder, desto größer ihr Anstieg des Stresshormons Kortisol. In dem Bericht heißt es wörtlich:

„Die Kinder (die Gehemmten, die Unsicher-Vermeidenden) sind nicht in der Lage, ihre emotionale Belastung mit Hilfe ihres Verhaltens zu regulieren. Wenn Kinder ihre Gefühle zurückhalten, setzt das ihren Organismus unter Stress. Diese Kinder haben keinen sicheren Hafen. Diese Kinder hängen in der Luft. Sie sind schon als Kleinkinder seelisch belastet."

Auch Eltern, besonders Mütter, die sich überfordert fühlen, bieten ihren Kindern zu wenig Schutz und Beistand. Die Kleinen fühlen sich nicht angenommen. Ihnen fehlt der Halt. Die Mütter selbst strahlen zu wenig Ruhe und Gelassenheit aus.

Kinder und Kopfweh

Eine steigende Zahl von Kindern leidet unter Kopfweh, etwa an Migräne oder Spannungskopfschmerz. Betroffen ist inzwischen jedes fünfte Kind.

Fachleute gehen davon aus, dass Kopfschmerzen entstehen durch das Zusammenspiel von Erbfaktoren und äußeren Einflüssen. Immer häufiger hören Eltern die Klagen ihres Nachwuchses und fragen sich:

- Will das Kind nicht in den Kindergarten oder in die Schule gehen?
- Will es sich nur drücken?
- Wenn das Kind tatsächlich Beschwerden hat, was steckt dahinter?

Bedeutsam sind die äußeren Einflüsse.
- Die Kinder leiden unter Bewegungsarmut.
- Sie sitzen stundenlang vor dem Computer oder dem Fernseher.
- Sie leiden unter Schlafmangel.
- Sie leiden unter Ärger in der Familie oder
- unter Leistungsdruck in der Schule.

Nicht wenige Kinder haben heute schon einen Terminkalender, der für Stress und Druck sorgt.

Was können Eltern und Erzieher tun?
- Betroffene Kinder müssen ernst genommen werden.
- Halten Sie Kopfschmerz-Kinder davon ab, unkritisch Arzneimittel zu schlucken. Sie können womöglich das Suchtverhalten fördern.
- Reduzieren Sie mögliche Stressfaktoren. Hat Ihr Kind genügend freie Zeit zum Spielen?
- Sorgen Sie für viel Bewegung, genügend Schlaf und gesunde Ernährung.
- Wenn Sie können, verschaffen Sie Ihrem Kind den Blick ins Grüne. Nachweisbar sind Kinder, die ins Grüne schauen, weniger gestresst und aufmerksamer als Kinder, die aus der Großstadt kommen.

Wenn es um die Erwartungen der Eltern und Erzieher geht, ja. Im Allgemeinen haben Eltern riesige Vorstellungen, was ihre Kinder leisten sollen. Ihre Wünsche an die Zeugnis-Leistungen und die Berufspläne liegen weit über dem Niveau, was Kinder selbst vorweisen.

Das Wiesbadener Markt- und Sozialforschungsinstitut ENIGMA beschäftigte sich mit den Erziehungszielen der Eltern. Mehr als tausend Familien wurden befragt. Es ging um Freizeitverhalten, Schule, Finanzen und Werte. Bei Familien mit geringem Haushaltseinkommen sind Werte wie
- Pünktlichkeit,
- Gehorsam,
- Fleiß und Sauberkeit „sehr wichtig".

In wohlhabenden Familien werden andere Werte mehr geschätzt, nämlich:
- Aufgeschlossenheit,
- Toleranz,
- eine eigene Meinung haben und
- Großzügigkeit.[3]

Insgesamt stellten die Forscher fest, dass Ordnungsliebe und Gehorsam heute auf den letzten Plätzen rangieren. In vielen deutschen Elternhäusern ist verpönt, was einst als Voraussetzung für Entwicklung und Leistung selbstverständlich war.

Die Verfasser schreiben wörtlich: „Die deutschen Tugenden, wir haben sie überwunden. Disziplin, Fleiß, Zuverlässigkeit, Rücksichtnahme, alles Werte von vorgestern. Sekundartugenden. Die Achtundsechziger haben ganze Arbeit geleistet. Und dabei das Kind mit dem Bade ausgeschüttet. (...)

Das vorläufige Fazit also: Viele Kinder werden überfordert.

Selbstständig sollen sie sein, vielseitig interessiert, begabt und erfolgreich – wichtige Wunderknaben. Unterfordert sind sie in ihren Aufgaben und Pflichten. Da passt etwas nicht zusammen. Hohe Ansprüche an Motivation und Moral, aber Ratlosigkeit im Alltag."[4]

Die Autoren haben es auf den Punkt gebracht. Kinder werden unterfordert in Aufgaben und Pflichten. Strenge ist verpönt. Eltern sind großzügig und verstehen sich eher als Kumpel ihrer Kinder. Und Kinder erleben zu wenig, dass sie beharrlich arbeiten lernen müssen. Viele geben auf, wenn Forderungen gestellt werden, oder sie rebellieren mit Erfolg. Darum fehlen Konzentration und Kontinuität. Lust und Selbstverwirklichung geben den Ton an. Kinder, die Ordnung, Fleiß, Gewissenhaftigkeit und Zuverlässigkeit nicht gelernt haben, reagieren später gestresster.

Wie sagte schon Alfred Adler: „Unterforderte Kinder sind gestresste Kinder."

Stress und Störungen bei Scheidungskindern

Wie sich Stress mit negativen Auswirkungen auf Kinder aus geschiedenen Ehen auswirkt, zeigt eine Untersuchung der Tübinger Kinder- und Jugendpsychiatrie. Innerhalb einer Langzeitstudie von 14 Jahren wurden die Auffälligkeiten von Kindern aus geschiedenen Ehen mit Kindern aus nicht geschiedenen Ehen verglichen. Die Ergebnisse sind signifikant.

Aggressionen sind etwa viermal so hoch bei Kindern aus geschiedenen Ehen wie bei Kindern aus nicht geschiedenen Ehen.

Depressionen sind etwa doppelt so hoch. Amerikanische Studien gehen davon aus, dass Kinder und Jugendliche zu

25-30 % während und nach der Scheidung mit Depressionen reagieren.

Diebstahl ist etwa zehnmal so hoch. Kinder stehlen sich „Liebe" oder was sie dafür halten. Diese enorm hohen Zahlen zeigen, wie enttäuscht Kinder den Zerbruch der Familie erleben.

Bettnässen ist etwa doppelt so hoch.

Suizidversuche liegen um das Dreifache höher. Kinder und Jugendliche sind extrem orientierungslos, fühlen sich verraten und allein gelassen.

Vor, während und nach einer Scheidung werden Kinder und Jugendliche einer schweren Stressbelastung ausgesetzt. Der ganze Mensch vom Scheitel bis zur Sohle kann belastet werden und Schäden fürs ganze Leben davontragen.

Hyperaktive Kinder und Stress

Heute geht man davon aus, dass etwa 400 000 Kinder in Deutschland an ADHS leiden, also an dem Aufmerksamkeits-Defizit-Hyperaktivitäts-Syndrom. Nicht wenige sind der Meinung, die Störung sei ein Symptom des modernen Lebens. Keine Krankheit. Andere Fachleute sprechen von einer Begleiterscheinung der „Sucht nach Geschwindigkeit". Nimmermüde Fernseher und flinke Computer, rasante Videos und mobile Telefone machten die Kinder zappelig und ihre Eltern ungeduldig. Nur wenn die Menschen die Balance zwischen Profitgier und emotionaler Zufriedenheit zurückgewinnen könnten, würde das Syndrom an Einfluss verlieren. Nicht die Kinder seien krank, sondern die Gesellschaft. Andere Fachleute widersprechen heftig. Sie sehen auch den Einfluss der Gesellschaft, unterscheiden aber zwischen Auslöser und Ursache. Vier Prozent der Kinder seien weltweit betroffen. Nicht nur in westlichen Kulturen, auch in China würden Kinder mit der Anlage geboren. Studien bei eineiigen Zwillingen hätten ergeben, dass beide Zwillinge mit hoher Wahrscheinlichkeit an diesem Syndrom litten. Bedingt durch die Fehlreaktion im Gehirn, hätten die jungen Menschen eine andere Wahrnehmung. Sie seien

- reizoffen,
- extrem sensitiv,
- ständig auf neue Reize ansprechbar,
- abgelenkt und vergesslich,
- oberflächlich,
- sprunghaft und fehlerhaft und
- sehr unkonzentriert.

Die Nachfahren des Zappelphilipps leben mit Vollgas im Hier und Jetzt. Sie leben ein Leben ohne Bremse. Die Folge:

- Sie sind ängstlich und bockig,
- ecken überall an,
- leiden unter Minderwertigkeitsgefühlen,
- können Stressoren nur schlecht wegfiltern.

30 - 40 Prozent der jungen Häftlinge sollen an ADHS leiden.

- Was können Eltern und Erzieher tun, um ihren Stress zu verringern?
- Was können sie unternehmen, um die Überforderung einzudämmen?
- Wie können sie in der Kindererziehung gelassener werden?

Denkanstoß Nr. 1:
Wie helfen Sie ADHS-Kindern?

- ADHS-Kinder benötigen einen freundlichen, aber klaren und direktiven Erziehungsstil. Diese Kinder brauchen mehr Halt als andere.

- Geben Sie dem Kind beim Lernen Zeit und Raum. Üben Sie keinen Druck aus.
- Beobachten Sie genau, wann das Kind sich gut fühlt, und bauen Sie diese Erfahrungen in die tägliche Routine ein.
- Reagieren Sie auf Fehlverhalten sofort, da das Kind Probleme mit dem Kurzzeitgedächtnis hat.
- Verlieren Sie nicht die Kontrolle. Hyperaktive Kinder reagieren am besten auf eine sachliche Kommunikation.
- Vermeiden Sie einen Machtkampf! Reden Sie mit dem Kind, wenn es sich beruhigt hat.
- Helfen Sie dem Kind, dass es sich beruhigt. „Zeige mir, dass du Kontrolle über dich hast. Hörst du auf zu schimpfen, können wir miteinander reden."

Denkanstoß Nr. 2:
Überprüfen Sie Ihre hohen Erwartungen
Wir alle haben Erwartungen, große und kleine, realistische und unrealistische.
- Erwartungen sind *Liebestöter.*
- Erwartungen sind schwerer *Egoismus.*
- Erwartungen sind *Selbstsucht.*

Hohe Erwartungen, die verbal oder nichtverbal gemacht werden, sind stressfördernd.
Kinder wollen geliebt werden und wollen es ihren Eltern recht machen. Stress-Eltern glauben, ihre Kinder kommen in Gesellschaft und Wirtschaft nicht zurecht, wenn die Noten nicht überdurchschnittlich sind.
Die Bundeszentrale für gesundheitliche Aufklärung untersuchte mit Hilfe des Siegener Zentrums für Kindheits- und Jugendforschung über 1000 Kinder und Jugendliche. Sie sprechen von „Glückskindern" und „Konfliktkindern". Glückskinder sind Kinder aus Familien mit guten Beziehun-

gen. Die Familien sind heil, das Gesamtklima ist positiv, und die Zufriedenheit des Nachwuchses mit Vater, Mutter und Geschwistern ist hoch. Der Erwartungsdruck der Eltern ist normal. Die Anfälligkeit für Drogen und Alltagsverfehlungen ist gering.

Dagegen sind die „Konfliktkinder" schlechter dran. Sie stehen unter hohem Stress, das familiäre Klima ist getrübt, sie nehmen früh Drogen, sind öfter depressiv, lassen schneller „etwas mitgehen", fahren häufiger schwarz und spüren einen enormen Erwartungsdruck.

Denkanstoß Nr. 3:
Was geschieht, wenn Sie Ihre Ziele nicht erreichen?
Was geschieht, wenn Sie das Hundertprozentige verfehlen? Dann beginnt unter Umständen die Spirale für den Burnout. Je höher die Ziele, desto tiefer der Fall, wenn die hohen Erwartungen verfehlt werden. Der tiefe Fall widerfährt nur Menschen mit überhöhten Zielen.

Woran können Sie erkennen, ob die Ziele geistlich oder menschlich sind?

Wenn es wirklich geistliche Ziele sind und Gott mir nicht die Erfüllung schenkt, dann kann ich das negative Ergebnis ruhig aus Gottes Hand nehmen. Ich bin enttäuscht, aber nicht verzweifelt. Wenn es menschliche und überehrgeizige Ziele sind, die mit meinem Leben und dem Leben der Kinder zu tun haben, dann leiden Christen und Nichtchristen Qualen. Die Niederlage ist für den überehrgeizigen Christen eine Katastrophe. Und da liegt das geistliche Missverständnis.

Wer in Seinem Namen handelt,
... der überschlägt sich nicht,
... der macht sich und die Kinder nicht verrückt,
... der arbeitet ruhig und stetig,

... der will bei sich und den Kindern nichts erzwingen,
... der muss auch nicht müssen,
denn Müssen ist kein Antrieb des Heiligen Geistes, sondern ein unheiliger Selbstanspruch. Ein Christ ist kein Getriebener, sondern ein Geisterfüllter.

Denkanstoß Nr. 4:
Den falschen Ehrgeiz loslassen

Ehrgeiz wird in unseren Leistungsgesellschaften groß geschrieben. In einer Leistungs- und Konkurrenzgesellschaft herrschen die Meinungen vor:
– ohne Ehrgeiz keine Leistungen,
– ohne Ehrgeiz kein Erfolg,
– ohne Ehrgeiz kein Fortschritt.
Ehrgeiz erwächst häufig aus Minderwertigkeitsproblemen. Je größer die Selbstwertstörungen, desto ausgeprägter der Ehrgeiz. Der Mensch will nicht klein, hilflos und unbedeutend sein. Er will eine Rolle spielen. Der Mensch will überlegen sein, er muss besser, tüchtiger, moralischer und erfolgreicher sein.
- Dem Ehrgeizigen fehlt die Gelassenheit.
- Der Ehrgeizige ist *ruhelos*.
- Der Ehrgeizige ist *hektisch*.
- Der Ehrgeizige zeigt einen hohen *Stresspegel*.

Was leben Sie Ihren Kindern vor?
Spiegeln Sie überehrgeizige Erzieher wider?
Welche Schlüsse ziehen Ihre Kinder aus Ihrem Vorbild?

Denkanstoß Nr. 5:
Schönwetterväter nutzen den Kindern wenig
Wie können geschiedene Väter ihren Kindern ein guter Vater sein?

Die amerikanischen Wissenschaftler Paul Amato und Joan Gilbreth unterzogen 63 Studien, die die Qualität der Beziehung zwischen geschiedenen Vätern und ihren Kindern hatten, einer so genannten Metaanalyse.

Väter, die lediglich ein aktives Freizeitprogramm anbieten, um mit den Kindern in der kurzen Begegnung möglichst viel Spaß zu haben, die alle Erziehungsversuche unterlassen, um allen Konflikten aus dem Weg zu gehen, stressen ihre Kinder mehr als Väter, die sich intensiv um ihre Probleme, um Schulaufgaben, um Freundschaften und um Beziehungsschwierigkeiten kümmern.

Das Ergebnis:
- Nur Väter, die wirklich ihre Elternrolle einnehmen, sind für ihre Kinder eine Hilfe.
- Sie wenden einen autoritativen Erziehungsstil an, sprechen mit ihnen alle auftauchenden Probleme an und sind nicht nur „Besuchsväter".
- In der Schule schneiden diese Kinder besser ab, sind weniger aggressiv und verhaltensauffällig.
- Sie leiden weniger unter Depressionen, weil sie mit ihren Fragen und Kümmernissen ernst genommen werden.
- Geschiedene Eltern sollten unter allen Umständen ein gemeinsames Sorgerecht für ihre Kinder beantragen, damit die Elternschaft von Vater und Mutter erhalten bleibt.
- Die verbreitete Meinung, Kontakte zum Vater seien besonders für Jungen wichtig, wurde in der Studie nicht bestätigt. Mädchen nützt es genauso, wenn Väter sich um sie kümmern.[5]

Kapitel 3

Wenn nur der Erfolg zählt

Leistungsgesellschaft und Erfolg gehören zusammen, das eine ist ohne das andere undenkbar. In vielen Berufen zählt nur der Erfolg. Manager und Wirtschaftsbosse sitzen auf dem Schleudersitz, sie werden gefeuert, wenn der Erfolg ausbleibt. Fußballtrainer von Profimannschaften stehen ständig unter Erfolgsdruck, nur Siege und Tore zählen, Niederlagen und Abstiegsängste lassen den Trainerstuhl wackeln. Aber geht es dem kleinen Angestellten in Banken und mittelständischen Betrieben denn anders?

- Erfolge stärken das Ansehen.
- Erfolge steigern den Wert.
- Erfolge verheißen Prämien.
- Erfolge machen den Arbeitsplatz sicher.

Erfolg macht euphorisch

Der menschliche Organismus ist ein Wunderwerk unseres Schöpfers, so entdecken Hirnforscher immer neue Geheimnisse. Erfolgseuphorie hängt nach ihren Erkenntnissen mit körpereigenen Drogen zusammen, die Opioide genannt werden. Sie sind für Freude, Schwung und höchste Glücksgefühle verantwortlich.

Ein amerikanischer Psychologe nennt den Zustand „selbstvergessenen" Aufgehens im Tun „flow". Der Mensch ist hingegeben an sein Tun, von ihm total in Anspruch genommen.

Er ist vollständig auf sein Werk konzentriert. In diesem Zustand höchster Aufmerksamkeit ist der Organismus energiegeladen und gleichzeitig entspannt. Die totale Konzentration auf die Arbeit macht den Menschen glücklich und euphorisch. Er ist so „hingegeben", dass er von Geräuschen oder Gesprächen um ihn herum und von Menschen, die ihn umgeben, nicht abgelenkt werden kann.

Wir sagen gern: „Die Arbeit frisst ihn auf!" Viele verstehen diesen Satz negativ. Es werden Vergleiche angestellt: „Die Arbeit ist sein Leben. Die Arbeit ist wie seine Geliebte. Die Arbeit ist sein Gott." Aber auch das andere gilt: „Die Arbeit begeistert ihn, die Arbeit fördert sein Glücksgefühl. Die Arbeit macht ihn betrunken. Die Droge hat ihn im Griff." Ein nicht enden wollender Kreislauf steigert sein euphorisches Empfinden. Erfolgsstreben produziert Erfolge, Erfolge steigern das Erfolgsstreben.

Diese überschießenden Glücksgefühle werden von Botenstoffen im Gehirn ausgelöst, von so genannten körpereigenen Drogen. Seit 1975 sind den Hirnforschern diese Stoffe bekannt. Zwei schottischen Gehirnspezialisten gelang es, aus Schweinehirnen einen Stoff zu isolieren, der ähnliche Wirkungen zeigt wie das bekannte Morphin. Diese Opioide, von denen inzwischen über 50 entdeckt wurden, werden auch „Belohnungsstoffe" genannt. Man findet sie besonders in jenen Regionen des Gehirns, wo Schmerzempfindungen und Gefühle gespeichert bzw. produziert werden. Anatomisch spricht man vom limbischen System, das so etwas wie ein Umschlagplatz für Gefühle ist. Im limbischen System gibt es einen Neurotransmitter, einen Übertragungsstoff zwischen den Nervenzellen, das so genannte Dopamin. Dieser Belohnungsstoff spielt mit großer Wahrscheinlichkeit bei der Erfolgseuphorie eine wesentliche Rolle. Ursprünglich gingen die Forscher davon aus, es gäbe nur ein Belohnungszentrum im Gehirn. Inzwischen sind mehrere Belohnungssysteme entdeckt worden, und eins dieser Zentren steuert die Erfolgseuphorie.

Es gibt Fachleute, die glauben, dass dieser Leistungsrausch nichts mit einem Erfolgserlebnis zu tun habe. So schreibt Helga Topel, eine Autorin, die sich mit körpereigenen Opioiden beschäftigt hat: „Die Leistungseuphorie wird zu Unrecht als ‚Erfolgserlebnis' bezeichnet, denn es ist keineswegs der Erfolg, der hierbei die dominierende Rolle spielt. Die Erfolgs- und Siegeseuphorie ist rasch verraucht und weicht, nach Aussagen prominenter Sportler, bald einem Gefühl des ‚Ausgebranntseins'. Weniger das Ergebnis oder der Sieg beflügelt leistungsmotivierte Menschen, sondern die Arbeit und die konzentrierte Anstrengung selbst sind es, die für die Euphorie der Leistung sorgen."[1]

Meiner Erfahrung nach ist das ein Trugschluss. Der Leistungseuphoriker wird viel zu positiv gesehen. Es wäre wunderbar, gesund und heilsam zugleich, wenn der Mensch nur die Arbeit, nur die Leistung an sich im Auge hätte. Dann hätte er es nicht nötig, sich kaputtzuarbeiten. Es wäre zudem überflüssig, die Grenzen seiner Leistungsfähigkeit zu überschreiten. Aber ungezählte Patienten beweisen es, sie wollen sich selbst und andere überholen und büßen es dann mit psychosomatischen Beschwerden.

- Sie erleben Leistung und Erfolg als äußerstes Glücksgefühl und als ein unübertroffenes Lustempfinden.
- Sie schwelgen darin.
- Sie wollen es verlängern.
- Sie wollen es steigern.
- Sie genießen es und zahlen dafür einen hohen Preis.

Es gibt Lebensgrundüberzeugungen, die menschlich und geistlich falsch sind, die wir uns aber zu Eigen gemacht haben. Sie dominieren Herz und Hirn und haben unser Planen und Handeln programmiert.

Der amerikanische Psychiater Chris Thurman, der eine der größten psychiatrischen Kliniken der Welt leitet, hat über 30 solcher „Lügen, die wir glauben" zusammengetragen. In allen Lebensbereichen fand er Lügen, die wir Christen für wahr halten und die wir handfest praktizieren. Unter den Rubriken: Selbstlügen, weltliche Lügen, Ehelügen und religiöse Lügen beschreibt er eine, die mit Leistung und Erfolg zusammenhängt. Im Sinne einer weithin akzeptierten Überzeugung lautet die Lüge: „Du bist nur so viel wert wie deine Leistung!"

Thurman kommentiert diesen Selbstbetrug folgendermaßen: „Viele dieser gehetzten Leute kommen bis an die Schwelle des Selbstmordes, wenn sie durch ihre Neigung, Wert und Leistung gleichzusetzen, Gefühlen des Versagens und des Selbsthasses ausgesetzt werden ... Unsere Leistungen im Leben sagen durchaus etwas über uns aus. Doch sie sind niemals eine vollständige Antwort auf die Frage, wer wir sind ... Doch in unserer Gesellschaft lautet die Botschaft nur zu oft: ‚Du bist nur dann ein wertvoller Mensch, wenn du die Erfolgsleiter hinaufsteigst, in einem großen Haus, in einem Vorort wohnst, ein teures Auto fährst, eine goldfarbene Kreditkarte besitzt, nur Designeranzüge trägst ...', diese Lüge ist hart zu knacken."[2]

Lügen sind Lebensgrundüberzeugungen und Erwartungen, die nicht mit der Wirklichkeit übereinstimmen. Aus seiner Prägung durch seine Eltern, Großeltern und Geschwister resultiert, dass sich der Mensch Überzeugungen zurechtlegt, mit denen er völlig übereinstimmt. Sie bestimmen sein Denken, Fühlen und Handeln. Er handelt so, als ob er nicht anders könne, und lebt so, als seien diese Einstellungen unverrückbare Wahrheiten. Es leuchtet ein, dass sie ihm in Fleisch und Blut einprogrammiert sind. Sie haben ein zähes Leben. Der therapeutische Seelsorger erfährt, dass sie schwer zu knacken sind. Es ist kein Wunder, dass unsere hoch gelobte Leistungsgesellschaft, die Leistung und Erfolg wie Götter verehrt, auch Christen in ihrer Einstellung verunsichert und sie zu Gläubigen solcher Lebenslügen erzieht.

Erfolg – oder die Suche nach dem Nervenkitzel

Das Erfolgsstreben hat viele Gesichter. Erfolgreiche können auf unterschiedlichsten Gebieten ihr Ziel erreichen. Erfolge können durch Kraft, Macht, Geschicklichkeit, Intelligenz, Schnelligkeit, Risikobereitschaft usw. erzielt werden. Jeder sieht seine Erfolgschancen und probiert sein eigenes Erfolgsschema aus. Schauen wir uns verschiedene Eigenschaften beispielhaft an, die bei erfolgreichen Menschen besonders hervorstechen:

- Intelligenz in der Wissenschaft
- Machtstreben in der Politik
- Höchstleistungen im Sport
- Kriminelle Energien im Verbrechen
- Risikobereitschaft im Rennsport
- Aggressivität im Kampfsport
- Musikalität in der Unterhaltungsbranche
- Todesmut im Krieg.

Der Erfolg, auf welchem Gebiet auch immer,
- beweist Überlegenheit,
- verschafft Anerkennung und
- zeichnet den Menschen vor anderen aus,
- schafft ein Stück Sinnerfüllung,
- verhilft zur Befriedigung – wenn auch nur vorübergehend.

Der Mensch, der sich beweisen will, braucht einen Leistungsbeweis und strebt den Erfolg an, um vor sich und anderen bestehen zu können. Die Herausforderungen können moralischer, geistiger und krimineller Art sein. Menschen, die etwas gelten wollen und ihre Streicheleinheiten brauchen, erfinden die unwahrscheinlichsten Attraktionen, durch die sie die Befriedigung ihrer Bedürfnisse erreichen.
In den letzten Jahren kamen immer mehr Sportarten in Mode, die einen unvorstellbaren Nervenkitzel befriedigen. Dieser Extremsport beinhaltet eine Sucht nach starken Reizen. Vor allem junge Menschen suchen ein Risiko, das Todesmut erfordert und den Rausch der Gefahr einschließt.
Bungeespringer lassen sich angebunden an Gummiseilen kopfüber in die Tiefe fallen. Ihr Fall wird nur kurz vor dem Aufprall aufgefangen. Eine Reihe dieser jungen Menschen spiegelt ein selbstzerstörerisches und zielloses Risikoverhalten wider – sie spielen mit dem Tod. In Frankreich wurde dieser „Sport" inzwischen verboten, nachdem einige junge Menschen dabei umgekommen sind.
Haben sie den Tod einkalkuliert? Was geht in den Hirnen und Herzen vor? Fliehen sie aus der Welt, die ihnen sinnlos und kaputt erscheint? Wollen sie der Routine und der Langeweile entfliehen? Ist diese Welt so lebensunwert geworden, dass nur noch selbstmordähnliche Spiele die Suche nach Abenteuer und Stimulation befriedigen können? Oder sind die meisten so bestätigungssüchtig und anerkennungs-

hungrig, dass sie Kopf und Kragen riskieren, um erfolgreich zu sein?

Auch Motorrad- und Autorennfahrer sind so ruhmsüchtig, dass sie bei jedem Rennen den Tod einkalkulieren. Und wenn sie es nicht tun, verdrängen sie leichtfertig die Angst, dass sie das Leben verlieren könnten. Die Geld-, Anerkennungs- und Machtfrage sitzt ihnen so tief in Herz und Hirn, dass sie alles aufs Spiel setzen. Das Alles-oder-Nichts-Prinzip macht auch an dieser Stelle deutlich, wie zerstörerisch und lebensfeindlich dieses Denken ist.

Ist der Nervenkitzel, der Kick oder Thrill, wie Journalisten heute diese Abenteuersuche nennen, das Entscheidende? Oder sind Thrillseeker (Nervenkitzelsucher) Menschen, die den Sinn des Lebens verloren haben? Die alles auf eine Karte setzen, um aus dem langweiligen und trostlosen Leben ein bombastisches Abenteuer zu machen? Nur die verrücktesten Nervenkitzel können noch Abwechslung und Schwung in den Alltag bringen. Das heißt doch, wer lebensbedrohliche Abenteuer sucht, hält normales Leben für unnatürlich und langweilig. Wer ständig den Kick braucht, um alle Gefühls- und Empfindungsgrenzen zu sprengen, lebt in Extremen. Langeweile fördert den Lebensüberdruss – „Langeweile tötet", wie das Sprichwort formuliert. Das Verrückte bekommt Sinn, Durchschnittliches und Bürgerliches sind verabscheuungswürdig.

Energie und Kraft für die Gemeinschaft und für andere einzusetzen ist nutzlos. Egoismus und Ichsucht feiern Triumphe. Thrillseeking ist eine perverse Form der Ichsucht.

- Lust am Risiko,
- Lust an der Gefahr,
- Lust am Untergang,
- Lust am Spiel mit dem Tod

sind ekstatische Einstellungen, die alles Eingefahrene, Gleichmäßige und sich Wiederholende scharf in Frage stellen.

Es zählt nur noch das Extreme, Verrückte und Übersteigerte; das Stinknormale hat allen Reiz eingebüßt. Die viel beschriebene „Erlebnisgesellschaft" braucht den Erregungskick.

Es stimmt, absurde Leistungen sind auch Leistungen, und verrückte Erfolge sind auch Erfolge. Nicht nur das Sinnvolle ergibt Sinn, auch das so genannte Sinnlose erfüllt den Thrillseeker mit Sinn.

Erfolg und Werte

Nach dem Zweiten Weltkrieg ist unsere Gesellschaft immer wieder einem Wertewandel unterworfen worden. Das Wirtschaftswunder und der darauf sich einstellende Wohlstand haben den ersten Wertewandel veranlasst. Der Wohlstandseffekt beinhaltet die Bedeutung, die die Menschen dem Wohlstand beimessen.

Für viele ist Wohlstand
... ein Zeichen für Unabhängigkeit,
... ein Merkmal für Selbstverwirklichung
... und ein Ausdruck für mehr Freiheit.

Wenn in den 80er-Jahren materielle und ideelle Werte noch gleich hoch im Trend lagen, verschieben sich in den 90er-Jahren die Wertauffassungen auffallend stark in die Richtung materiellen Reichtums. Unter den ideellen Werten, die hoch im Kurs stehen, fällt ein Begriff heraus, der mit Lebensqualität am treffendsten umschrieben wird. Folgende Gesichtspunkte sind heute für die amerikanische Gesellschaft in erster Linie tonangebend. Das ist wichtig für uns zu wissen, da sich amerikanische Verhältnisse fünf bis zehn Jahre später auch bei uns einstellen. Umfrage-Ergebnisse haben ergeben, dass zunehmend Egoismus und Ichsucht den Trend bestimmen.

1. Weniger Verantwortung anderen gegenüber
Moralische Verpflichtungen, den Nächsten zu achten und zu lieben wie uns selbst, und das Pflichtbewusstsein, dem Mitmenschen beizustehen, haben an Effektivität eingebüßt.

2. Weniger gesellschaftliche Moral
Gesetze und Regeln der Gesellschaft, die früher für Alt und Jung als verbindlich angesehen wurden, verlieren an Gültigkeit. Erlaubt ist, was das Gesetz nicht ausdrücklich verbietet.

3. Weniger Opferbereitschaft
Opferbereitschaft hatte in der Vergangenheit einen hohen Stellenwert. Dieser Begriff ist aber zunehmend von allen Medien kritisiert und infrage gestellt worden, und so hat diese negative Reaktion weltweit ihre Folgen gezeitigt.

4. Weniger Askese
Der Duden definiert Askese als eine „strenge, enthaltsame und entsagende Lebensweise zur Verwirklichung sittlicher und religiöser Ideale; Selbstüberwindung". Askese hat keine besondere Bedeutung mehr. Sittliche Normen haben an Wert verloren, und die Sexualmoral ist gelockert.

5. Weniger Arbeitsmoral
Die Arbeit wird vielfach als Job definiert. Sie hat für viele den Charakter eines notwendigen Übels erhalten. Arbeit, die der Gemeinschaft und dem Gemeinsinn nutzt, wird von den meisten abgelehnt. Die Arbeit ist zu einer Quelle egoistischer und persönlicher Befriedigung geworden.

6. Mehr Lebensqualität
Erfolg wird heute mit mehr Lebensqualität in Zusammenhang gesetzt. Darunter verstehen die meisten
... mehr Zeit für ein gutes Familienleben,
... mehr Kontrolle über die Zeitplanung,
... mehr Abbau von Stressfaktoren, die das Leben belasten,
... mehr Engagement für eine bessere Gesundheit.[3]

Ich muss ein erfolgreiches Leben führen

Ein Manager in einem Industrieunternehmen, der unzufrieden, seelisch down und körperlich ausgelaugt ist, kommt über einen Arzt in meine Beratung. Er nimmt Psychopharmaka, um den Lebensanforderungen noch gewachsen zu sein. Er klagt über Herz- und Kreislaufprobleme und hat völlig überhöhte Cholesterinwerte. Ohne konkreten Anlass hat er Schweißausbrüche und wird von Zitteranfällen heimgesucht. Ein Arzt spricht von schwerer „vegetativer Dystonie", ein anderer von einer „neurotischen Arbeitsstörung". Im Laufe des ersten Beratungsgespräches fällt der folgende eindrückliche Satz: „Ich muss ein erfolgreiches Leben führen."
Ist ihm dieser Satz nur so rausgerutscht? – Ist es der Extrakt eines Lebens? – Ist der Satz eine letzte Lebens- und Glaubensüberzeugung?
Ich greife diesen Gedanken auf und eröffne den Beratungsprozess.
„Wer hat Ihnen gesagt, dass Sie ein erfolgreiches Leben führen müssen?"
Er denkt einen Augenblick nach.
„Niemand! Der Satz ist mein Lebensanspruch!"
„Und wenn Sie diesen Lebensanspruch verfehlen?"

„Dann bin ich eine Niete, ein Versager, ein Nichts!"

„Und wie beurteilen Sie eine Niete oder einen Versager?"

„Er ist ein Niemand, ein Nichts!"

„Mit anderen Worten: Sie wollen jemand sein, wollen Bedeutung haben."

„Natürlich. Ohne Bedeutung ist unser Leben verpfuscht!"

„Für Sie ist es also natürlich, dass nur ein bedeutendes Leben ein sinnvolles Leben ist!"

„Ich kann mir nichts anderes vorstellen!"

„Sie müssen ein erfolgreiches Leben führen – wie Sie sagen – und sind doch sehr unglücklich. Was machen Sie falsch?"

„Wenn ich es recht überlege, schwankt mein Leben zwischen zwei Extremen: Erstens, ich muss erfolgreich sein, meine Ziele sind enorm hoch, mein Anspruch ist beachtlich. Und zweitens, ich kann kein Nobody sein. Wenn ich ein beliebiger Müller, Meier oder Schulze wäre, würde ich nicht mehr leben wollen."

„Haben Sie schon mit Selbstmordgedanken gespielt?"

Er reißt seine Augen weit auf und ist erschrocken. „Ich bin überrascht, dass Sie das ahnen!"

„Sie haben es selbst gesagt. Wenn Sie ein x-beliebiger Mensch wären, würden Sie nicht mehr leben wollen."

„Ja, ich habe sehr oft mit Selbstmordgedanken gespielt. Entweder gelingt es mir, ein erfolgreiches Leben zu führen, oder ich bin hier überflüssig."

„Sie zahlen einen hohen Preis für Ihren Lebensanspruch. Sie sind unglücklich, überarbeitet, körperlich und seelisch fertig."

„Was raten Sie mir?"

„Ist das wirklich Ihr Ernst, dass ein namhafter Manager, der bis heute eindeutige Entscheidungen trifft und sie immer allein getroffen hat, von mir einen Rat annimmt? Sie haben sich selbst für diesen Lebensanspruch entschieden. Und Sie haben bis heute einen hohen Preis mit Ihrer Gesundheit dafür bezahlt. Sie können nicht anders und wollen nicht anders. Das haben Sie mir vermittelt."

„Aber so geht es doch nicht weiter! Meine Ehe zerbricht daran. Meine Kinder erklären mich für verrückt. Vielleicht bin ich es wirklich!"

„Wer hat Sie verrückt gemacht? Die Firma, die Gesellschaft oder die Umstände der Wirtschaft? Hat Ihre Frau Sie überfordert? Oder Ihre Eltern?"

Die Schultern hängen herunter.

„Nein, ich selbst, nur ich selbst. Niemand anders als ich selbst."

„Und darum können nur Sie selbst es ändern! Wollen Sie das?"

„Soll ich Ihnen mal was sagen, Herr Ruthe, Ihre Fragen waren die härteste Provokation seit Jahren. Meine Mitarbeiter buckeln vor mir, meine Frau schweigt, und die Kinder ziehen sich wortlos zurück. Ich muss etwas verändern!"

„Zwei Sätze mit ‚müssen' stehen im Raum: ‚Ich muss ein erfolgreiches Leben führen!' Und: ‚Ich muss etwas ändern!' Ich halte Sie für klug und reif genug, dass Sie etwas ändern werden. Zwischen einem bekannten Manager und einem Nobody gibt es noch viele Abstufungen." Er lacht. Zum ersten Mal kann er über sich lachen.

„Wir sprechen uns nächste Woche wieder!"

Eine Woche später erscheint Herr X wieder zu einer Beratungsstunde. Er wirkt zuversichtlich und gelöst.

„Wie ist es Ihnen in der Zwischenzeit ergangen?"

Er beugt sich auf dem Stuhl nach vorn.

„Ich habe über meine Privatversicherung Verbindung mit einer guten Klinik aufgenommen. Mir leuchtet es ein, ich muss etwas tun, oder alles geht den Bach hinunter."

„Mit welchem Ziel wollen Sie in die Klinik gehen?"

Einen Augenblick zieht er die Stirn kraus und antwortet dann fest und eindeutig:

„Ich will wieder gesund werden. Ich muss wieder gesund werden, um meinen Anforderungen gewachsen zu sein!"

„Die Klinik soll Sie körperlich und seelisch wieder aufbauen. Ist es das, was Sie im Sinn haben?"

„Man hat mir gesagt, man würde mich körperlich durchchecken, außerdem haben sie dort eine vorzügliche Bädereinrichtung, ein Fitnesszentrum und eine Ernährungsberaterin."

„Das heißt, für eine Regeneration Ihrer körperlichen Probleme ist in erster Linie gut gesorgt!"

„Ja, so ist es."

„Sind Sie überzeugt, dass Ihr Beinahe-Zusammenbruch allein ein körperliches Problem ist?"

„Ja natürlich! Der Organismus ist es, der mir Schwierigkeiten macht, und das Nervensystem spielt nicht mehr mit!"

Seine Worte klingen fest und überzeugt. Kein Zweifel schwingt in seinen Worten mit.

„Kann es sein, dass Sie lediglich für Ihren Leib, also für Ihre sichtbaren Organe, eine Hilfe in Anspruch nehmen wollen?"

„Für mich stellt sich das Problem folgendermaßen dar: Wenn mein Organismus wieder funktioniert, kann ich problemlos meinen Posten wieder ausfüllen. Und das liegt mir am Herzen ...

(kleine Pause)

Im Grunde bin ich etwas irritiert. Sie schauen mich genauso zweifelnd an wie meine Frau gestern Abend. Nebenbei gesagt, ich hatte eine kräftige Auseinandersetzung mit ihr!"

„Möchten Sie mir davon berichten?"

„Sie hat mich gereizt und aggressiv gefragt, was ich in der Klinik eigentlich wolle. Das sei doch nur eine bessere

‚Kneippkur'. Ich würde aufgepäppelt und alles bliebe beim Alten. Dann könne sie sich ja gleich scheiden lassen."

„Können Sie Ihre Frau denn ein bisschen verstehen? Kann es sein, dass Ihre Frau Ihre Probleme genauer durchschaut, als Sie selbst es können?"

„Sie möchte mich am liebsten zu einem Psychiater schicken, der mein ganzes Innenleben von A-Z aufdröselt und mich neu zusammensetzt. Aber ich bin doch nicht geisteskrank. Oder wollen Sie mir das etwa auch weismachen?"

Herr X ist von Kopf bis Fuß angespannt. Seine Halsschlagader pulsiert sichtbar. Er wird rot im Gesicht und fährt sich durch die Haare. Mit Händen und Füßen wehrt er sich, seine falsche Lebensgrundüberzeugung anzuerkennen.

„Sie sind kein Geisteskranker, wie der Volksmund schwere seelische Störungen beschreibt. Im Augenblick schieben Sie nur alles auf Ihren Körper – auf das Instrument Ihres Geistes. In der ersten Beratungsstunde kamen Sie offensichtlich zu einem ganz anderen Ergebnis."

Die folgenden Sätze äußert er fast ärgerlich: „In der ersten Beratungsstunde habe ich gesagt, die Ursache meines Zusammenbruchs liegt an meinem hohen Selbstanspruch. Stimmt. Aber diesen Anspruch kann ich doch nicht total fallen lassen. Wenn ich mich aufgebe, falle ich ins Nichts. Ich habe es doch gesagt, ich kann mich gleich begraben lassen! Wollen Sie das?"

„Fassen wir das Ganze bis hier zusammen: Sie kommen und wollen Ihren hohen Selbstanspruch nicht aufgeben – auch wenn Ihre Ehe, Ihre Familie und Ihr Leben darüber zerbrechen. Sie sind körperlich und seelisch am Ende und suchen sich eine Klinik, die lediglich Ihren Körper wieder auf Vordermann bringt, damit Sie Ihre alte zerstörerische Lebensgrundüberzeugung beibehalten können. Der völlige Burnout kommt dann einige Jahre später."

Herr X rutscht nervös auf seinem Stuhl hin und her. Seine Augen werden feucht. Ihm kommen die Tränen.

„Ich möchte am liebsten losschreien, dass alles falsch ist. Es darf einfach nicht stimmen. Ich könnte einen Tobsuchtsanfall kriegen, weil sich alles in mir gegen Sie auflehnt, und doch stimmt jeder Satz, den Sie gesagt haben. Sie haben mir die Maske vom Gesicht gerissen. Ganz klar, die Gesundheitsklinik ist Symptomkosmetik. Sie baut mich wieder auf, und alles geht so weiter bis zum endgültigen Zusammenbruch. Meine Lebensphilosophie hat sich nicht geändert."

Der Mann schlägt die Hände vors Gesicht und stöhnt vor sich hin. Einige Minuten spricht keiner von uns beiden. In ihm findet ein schmerzlicher Kampf statt. Ich bete still, dass der Mann eine lebensrettende Entscheidung trifft. Er fragt nicht mehr, was er tun soll, denn er weiß, dass er die nächsten Schritte allein gehen muss. Niemand kann ihm die Verantwortung abnehmen. Plötzlich reißt er seine Hände nach unten und schaut mich mit entschlossener Miene an.

„Die Privatkasse hat mir noch eine andere Klinik genannt, eine psychosomatische. Meiner Frau und Ihnen habe ich bisher nichts davon erzählt. Ärzte, Psychiater, Therapeuten und Seelsorger kümmern sich um den ganzen Menschen. Ich will da nicht hin, aber ich muss. Entweder setze ich alles aufs Spiel, oder ich hoffe auf eine wirkliche Lebenswende."

Was macht diese Geschichte deutlich?

Einige Denkanstöße:

Denkanstoß Nr. 1:
Irrige Grundüberzeugungen können ein Leben ruinieren
„Ich muss ein erfolgreiches Leben führen!" ist eine irrige Lebens- und Glaubensüberzeugung. Dieses „innere Müssen" setzt den Menschen unter Druck. Es ist wie eine brutale

Faust, die ich mir selbst in den Nacken schiebe. Nicht die anderen, nicht die Umstände, nicht die Gesellschaft und auch nicht unabänderliche Strukturen sind schuld. Der Mensch selbst setzt sich unter diesen Druck. Diese Selbstansprüche und Selbstüberforderungen können ein Leben ruinieren. Ein Lebensmotto wird zur Leitmelodie des Lebens gemacht, das Leib, Geist und Seele zerstört. Herr X ist ein Beispiel dafür, wie jemand in allen Lebensbereichen die Hacke der Zerstörung ansetzt. Seine Gesundheit, seine Ehe, seine Familie und seine Zufriedenheit sind stark in Mitleidenschaft gezogen. Engstirnig, fanatisch und uneinsichtig hat Herr X seine irrige Lebensgrundüberzeugung praktiziert. Nur weil sein Körper nicht mehr mitspielt, kommt er ins Fragen.

Denkanstoß Nr. 2:
Irrige Lebensgrundüberzeugungen haben ein zähes Leben
Wie kommt das eigentlich, dass Menschen so uneinsichtig an falschen Überzeugungen festhalten? Sie haben sich durch jahrelange Erfahrungen in Kindheit und Jugend Lebenswahrheiten zu Eigen gemacht, die den Sinn ihres Lebens ausmachen. Diese Lebenswahrheiten, die ihnen in Fleisch und Blut übergegangen sind, werden zum Maßstab für alles Denken, Fühlen und Handeln gemacht.
Nehmen wir die Hauptlebensüberzeugung des beschriebenen Klienten. Sie lautet: „Ich muss ein erfolgreiches Leben führen!" Für ihn bedeutet, keinen Erfolg zu haben, Versagen. Nur wenn er Erfolg hat, bekommt sein Leben Sinn. Erfolglosigkeit ist gleichbedeutend mit Wertlosigkeit. Diese Fehleinschätzung hat sein gesamtes Leben programmiert. Bildhaft kann man sagen: Diese Überzeugung sitzt in jeder Zelle. Wie eine Blutkrankheit hat sie den gesamten Blutkreislauf infiziert. Der Sinn des Lebens hängt an diesem Satz. Der Rat-

suchende wirkt stur und fanatisch. Er kann nicht anders, weil er glaubt, sonst den Boden unter seinen Füßen zu verlieren. Eine Änderung solcher irrigen Lebensgrundüberzeugungen ist ein Geschenk Gottes.

Denkanstoß Nr. 3:
Irrige Lebensgrundüberzeugungen kann ich verändern
Auch wenn Eltern diese irrigen Lebensgrundüberzeugungen vermittelt und gelebt haben, muss ich als Kind diese Botschaft nicht kommentarlos übernehmen. Ich bin frei und kann auch jederzeit neu entscheiden. Selbst wenn ich zwanzig Jahre diese Überzeugung im Elternhaus bejaht habe, kann ich im 21. Lebensjahr oder im 30. diese gehörte Botschaft verändern. Das ist die durchgehende Nachricht der Bibel, dass ich umkehren und Buße tun kann, um eine Gesinnungsänderung einzuleiten. Gott ruft uns dazu auf, also muss dieser Sinneswandel vollziehbar sein. Viele Gesinnungsänderungen fallen außergewöhnlich schwer – der Geist ist willig, aber das Fleisch ist schwach. Die Einsicht ist vorhanden, aber der Lebensplan dieser Menschen ist so extrem auf Erfolg getrimmt, dass eine Gesinnungsänderung das bisherige Lebenskonzept völlig über den Haufen wirft. Die meisten Menschen können das nicht, und die überwiegende Mehrheit will es auch gar nicht. Das macht die Lebensstilkorrektur so schwer, aber sie ist jederzeit möglich.

Denkanstoß Nr. 4:
Lebenslagen halten irrige Grundüberzeugungen aufrecht
Herr X ist ein Musterbeispiel für so eine Lebenslüge. Schon sein Lebensplanschlüssel, „Ich muss ein erfolgreiches Leben führen!", ist ein grandioser Selbstbetrug. Mit allen Mitteln versucht er, diesen Lebensplan aufrechtzuerhalten. Gelingt ihm das nicht, ist sein Leben verpfuscht, ja, er spielt sogar

mit Selbstmordphantasien. Die zweite Beratungsstunde macht seine Lebenslüge offenbar. Er will in eine Kneippklinik, die seinen Organismus wieder stabilisiert, die aber sein Grundlebenskonzept unangetastet lässt. Er will seinen alten Lebensstil beibehalten. Alles soll bleiben, wie es ist. Lässt man ihn gewähren, und die falschen Ziele seines Lebensplanes werden nicht thematisiert und reflektiert, ist der endgültige Zusammenbruch nur eine Frage der Zeit.

Lebenslügen sind Hilfen zum Selbstschutz. Der Mensch glaubt wirklich an sie und benutzt sie, um nichts ändern zu müssen. Lebenslügen wirken – wie in unserem Fall – selbstzerstörerisch. Sie gaukeln dem Betroffenen vor, dass er an sich arbeite, lassen aber das Lebenskonzept unangetastet. Das ist die so genannte Symptomkosmetik, wie Herr X es selbst formuliert hat. Die Symptome, die vordergründigen Lebensprobleme, werden behandelt, die Ursachen dieser Symptome, die den Organismus ruiniert haben, bleiben unbearbeitet.

Denkanstoß Nr. 5:
Der Berater muss den Ratsuchenden mit den Lebenslagen konfrontieren

Zuerst einmal muss der Seelsorger sie selbst erkannt haben. Viele Ratsuchende können uns gegenüber Lebenslügen so glaubhaft und überzeugend darstellen, dass wir dem Betreffenden in die Falle gehen. Woher kommt das?

Der Ratsuchende glaubt ernsthaft an seine Lügen. Er glaubt, nur auf diese Weise das Leben meistern zu können. Der Seelsorger lässt sich überzeugen.

Wer als Seelsorger die Lebenslügen des Ratsuchenden übersieht, schadet mehr, als er nutzt. Es hilft in der Regel nicht, dem Ratsuchenden die falschen Lebensvorstellungen zu erklären. Das Gespräch mit dem Ratsuchenden hat den Sinn, dass der Betroffene selbst seine Lebensirrtümer erkennt. Der Ratsuchende muss im Kopf und Herzen von seinem falschen Lebensstil überzeugt sein. Ihm selbst muss die Erkenntnis aufleuchten. Erkenntnisse, die wir überstülpen, schüttelt der andere – in der Regel – wie Regentropfen ab. Er kann und will sie nicht hören, denn sie bringen sein Lebenskonzept durcheinander. Was er sich wünscht, kann auf folgende Formel gebracht werden: „Wasch mich, aber mach mich nicht nass! Hilf mir, aber lass alles beim Alten!" Das ist menschlich, therapeutisch und geistlich aber unmöglich.

PS:
Herr X ging in der Tat in eine psychosomatische Klinik, wo ein christlicher Arzt und Therapeut sein Begleiter wurde. Er blieb dort einige Monate. 14 Tage vor der Klinikentlassung schrieb er mir einen Brief, in dem unter anderem Folgendes stand: „... der Arzt legte mir nach dem ersten Gespräch ein Formular vor, auf dem ich bescheinigen sollte, dass ich bereit sei, ‚mit ganzem Herzen, mit ganzem Verstand und mit allen meinen Kräften' an der Veränderung meines Lebenskonzeptes zu arbeiten. Er sagte dann zu mir: ‚Wir leben als freie Menschen in einem freien Land; wir entscheiden frei, was wir tun und lassen wollen. Selbst der lebendige Gott ist so frei, dass er uns frei entscheiden lässt, wie wir leben wollen. Wir können uns gemeinsam an die Arbeit Ihres fragwürdigen Lebenskonzeptes machen, oder Sie entschließen sich, morgen abzureisen. Niemand zwingt Sie.'
Ich habe das Formular unterschrieben. Entsetzliche Wochen habe ich nun hinter mir. Nebenbei gesagt, meine Lebensgrundüberzeugung, wie Sie sie mir genannt haben: ‚Ich muss ein erfolgreiches Leben führen!', liegt hoffentlich hier im Papierkorb. Daran wäre ich kaputtgegangen. Ich bin Gott dafür dankbar."

Je höher die Latte des Erfolges gelegt wird, desto tiefer der Sturz, desto tiefer die Enttäuschung, wenn die Latte verfehlt wird. Alles oder nichts, ganz oder gar nicht, das sind krank machende und selbstzerstörerische Einstellungsmuster.

Erfolg und das Streben nach Spaß und Lusterfüllung sind zu Ersatzreligionen geworden. Erfolgsstreben und Glücksstreben sind als religiöse Verhaltens- und Denkmuster entartet. Aber die Erfahrung zeigt,

... viele Erfolgreiche stellen sich selbst ein Bein,

... viele Erfolgreiche sabotieren ihren eigenen Erfolg,

... viele Erfolgreiche machen sich ihr Leben selbst zur Hölle,

... viele Erfolgreiche haben den Mut zum Unglücklichsein.

Woher kommt das? Es gibt viele Antworten, einige möchte ich herausstellen:

1. Erfolgssaboteure sind hochgradig ehrgeizig

Ihr Stolz und ihre Vorfreude auf den Erfolg sind so grenzenlos, dass sie vor Angst ihren Einsatz überziehen. Sie verdoppeln ihre Anstrengungen und erreichen genau das Gegenteil. Der Chefredakteur von „psychologie heute", Heiko Ernst, beschreibt diese Einstellung so:

„Am spektakulärsten agieren die ‚Erfolgsverhinderer in eigener Sache' im Sport: Verschossene Elfmeter in entscheidenden Spielen sind der Stoff, aus dem Sportlegenden gewoben werden, und die Betroffenen müssen zumindest den Rest ihrer sportlichen Karriere mit dem Makel des nervenschwachen Versagens leben."[4]

Heiko Ernst schrieb seinen Artikel ein Jahr vor dem Endspiel der Fußballweltmeisterschaft 1994: Brasilien gegen Italien. Der große Fußballmagier Baggio verschoss den entscheidenden Elfmeter. Brasilien wurde Fußballweltmeister. Millionen Menschen in der Welt schauten an den Bildschirmen auf einen Mann, von dem alles abhing. Der Erfolgsdruck war gnadenlos. Die Erfolgssucht war himmelstürmend. Alles stand auf dem Spiel. Ein kleiner Mensch wollte sich und der Welt Übermenschliches beweisen.

Der „Erfolg" war deprimierend.

Das „Ergebnis" war erschütternd.

Alles war verspielt, alles war umsonst.

Nur der Spitzenerfolg zählt, der Misserfolg ist mehr als eine vorübergehende Pechsträhne; mit der könnte man leben. Die Niederlage ist für solche Erfolgsmenschen eine Katastrophe.

2. Erfolgssaboteure wollen den Erfolg sofort

Menschen, die nicht warten und verzichten können, sabotieren sich selbst. Es ist eine Selbstzerstörung auf Raten. Kurzfristige Erfolge zählen für sie mehr als langfristige Gewinne. Die kurzfristige Befriedigung der Erfolgssucht verdrängt Gefahren, Ängste und Befürchtungen. Dabei stellt Erfolgssucht alle lebensbedrohenden Konsequenzen beiseite.

Warum braucht der Erfolgssüchtige den Erfolg sofort?

- Heute will er gut dastehen und muss glänzen. Wer weiß, was morgen ist!
- Heute will er Anerkennung und Bestätigung; für eine erfolgreiche Zukunft fehlt die Geduld.
- Heute tritt er aufs Gaspedal des Erfolges. Alle Befürchtungen, die Gesundheit zu ruinieren, werden gekonnt verdrängt.

Erfolgssüchtige sind „Heute-Menschen", die leider nicht im Hier und Jetzt leben und genießen können. Alles Denken, Planen und Handeln ist auf Erfolg konzentriert, sie müssen sich beweisen und können nicht gelassen sein. Gelassenheit ist für sie ein Fremdwort, hier und jetzt wollen sie alles bringen. Sie kennen nur das erfolgreiche Tun und nicht das segensreiche Lassen.

„Herr, segne unser Tun und Lassen" – ein weises Gebet.

Flucht in die Leistung

Der amerikanische Eheberater und Leiter des Institutes für Biblische Seelsorge, Dr. L. J. Crabb, spricht davon, dass der Mensch zwei grundlegende Bedürfnisse hat, die sein Leben kennzeichnen. Beide Bedürfnisse spielen im menschlichen Leben eine entscheidende Rolle. Sie müssen beide erfüllt sein, wenn Befriedigung gewährleistet sein soll. Diese beiden Bedürfnisse sind: Sicherheit und Bedeutung.

Sicherheit beinhaltet, dass der Mensch die unerschütterliche Gewissheit haben muss, vorbehaltlos und vollkommen geliebt zu sein. Diese Liebe sollte freiwillig sein, und der Mensch muss sie sich nicht verdienen.

Bedeutung beinhaltet, dass der Mensch eine Berufung verspürt, in dieser Welt sinnvoll leben zu können, außerdem, dass er wertvoll ist und ohne selbst erbrachte Leistung angenommen wird.

Auch das Einssein von Mann und Frau, Harmonie und Zusammengehörigkeitsgefühl sind in diesen zwei Grundbedürfnissen voneinander abhängig.

Crabb schreibt: „Wie können Mann und Frau in ihren persönlichen Bedürfnissen eins werden? Es scheint, als hätten wir vier Möglichkeiten, um die Erfüllung unserer persönlichen Bedürfnisse in der Ehe zu suchen. Wir können:

1. unsere Bedürfnisse verleugnen;
2. unsere Befriedigung in Leistung suchen;
3. die Befriedigung unserer Bedürfnisse im Partner finden;
4. die Erfüllung unserer Bedürfnisse in Gott erwarten."[5]

Die ersten drei Wege, um zu diesem Einssein in Ehe und Partnerschaft zu gelangen, sind Holzwege. Aber sie werden immer wieder von den meisten Menschen beschritten. Wer seine Bedürfnisse verleugnet, leidet und wird krank. Er somatisiert, quält sich unter Umständen mit psychosomatischen Beschwerden herum.

Die Verleugnung ist keine christliche Tugend, die die Harmonie fordert, denn sie verschweigt wichtige Wünsche und Bedürfnisse. Die Ehe lebt mit einer Lüge. Die Partner sind unzufrieden und schlucken ihren Kummer hinunter.

Die zweite Möglichkeit ist ein beliebter Fluchtweg, um Bedeutung zu erlangen.

Crabb schreibt darüber: „Als Fürst einer gefallenen Welt hat uns der Teufel dazu verführt, einer Lüge Glauben zu schenken. Unsere Kultur misst den Wert eines Menschen an seiner Leistung. Die Welt hat viele Christen dazu gebracht, zu glauben, unser Bedürfnis nach Selbstwert könne Erfüllung finden, ohne dass wir in eine tiefe Beziehung mit dem lebendigen Gott einzutreten brauchen.

In unserer Gesellschaft richtet sich der Wert eines Mannes gewöhnlich nach seinem Einkommen, seiner beruflichen Stellung, der Lage und Größe seiner Wohnung sowie dem Wert ihrer Einrichtung, seiner Beliebtheit bei anderen, seinem Ansehen, seinem Auto, seiner Kleidung und Bildung, nach seinen sportlichen oder musikalischen Fähigkeiten. In der Gemeinde kommen vielfach Begabungen im Dienst hinzu (Singen, Predigen usw.).

Viel zu viele christliche Paare schenken dieser Satanslüge unbewusst Glauben. ‚Erfolgsmenschen‘, die mit Geld, gutem Aussehen und zahlreichen Begabungen gesegnet sind, entwickeln oft ein falsches Wertgefühl, das ihre Bedürfnisse in gewissem Grad übertüncht."[6]

Die Folgen dieser Leistungsbefriedigung:

- Mann und Frau erreichen über diesen Weg nicht das Eins-sein und die Harmonie ihrer Zweierbeziehung.
- Mann und Frau versuchen in der Leistung Befriedigung zu finden, statt eine echte Beziehung zu praktizieren.
- Mann und Frau oder einer von ihnen glaubt, nur in äußerlichem Erfolg Wert und Bedeutung zu erfahren, statt sich vom lebendigen Gott Sicherheit und Bedeutung schenken zu lassen.

Selbst die liebevollste Frau und der liebevollste Mann sind nicht in der Lage, dem anderen Sicherheit und Bedeutung lückenlos zu vermitteln. Beide sind Sünder und darum unvollkommen und mangelhaft. Beide bleiben hinter den Erwartungen der Partner zurück. Darum können die Bedürfnisse nach Sicherheit und Bedeutung auf keinen Fall durch Erfolgsstreben, durch Leistung und Karrierestreben befriedigt werden. Beide Partner können nur in Christus die Erfüllung finden, der uns rückhaltlos liebt, uns uneingeschränkt wertachtet und uns Bedeutung verleiht.

Der Erfolg muss erfolgen

Für viele Menschen, besonders für Männer, ist der Beruf ein Hauptlebenszweck. Der Beruf verleiht dem Menschen Identität. Arbeit gibt Anerkennung und Bestätigung. Sie gibt dem Leben Sinn, und der Erfolg der Arbeit unterstützt das Gefühl: Meine Arbeit und mein Leben sind sinnvoll.

- Wer Anerkennung braucht, braucht Erfolg.
- Wer viel Anerkennung braucht, braucht viel Erfolg.
- Wer ohne Anerkennung nicht leben kann, muss krampfhaft und zwanghaft Erfolge produzieren.

Die Frankl-Schülerin Elisabeth Lukas hat in einem ihrer Bücher einen besonderen Abschnitt dem Erfolg gewidmet. Ihre Folgerungen sind sehr lesens- und bedenkenswert: „An dieser Stelle möchte ich ein paar prinzipielle Worte einflechten zum Thema ‚Erfolg'. Der, wie der Begriff schon ausdrückt, eben erfolgen muss und nicht erzwungen werden kann. Erfolg ist ein Beiwerk, eine ‚Draufgabe' zur Hingabe. Das heißt, wenn sich ein Mensch ganz hineingeben kann in eine Arbeit, mitgerissen von der Zielsetzung der Sache und überzeugt von der Richtigkeit und Wirklichkeit seines Tuns, dann wird ihm vielleicht zusätzlich zur Arbeit auch noch der Erfolg dazu beschert. Wenn sich aber jemand in den Gedanken an den Erfolg verbeißt, den er unbedingt erringen will ..., dann ist er nicht ‚bei der Sache', um die es in seiner Arbeit geht, dann fehlt auch die Hingabe an sie."[7]

Viktor Frankl, der Begründer der Logotherapie, hat einen Satz geschrieben, der schon oft zitiert wurde: „Wer Lust anstrebt, dem vergeht sie!"

Mit Glück und Erfolg ist es ähnlich.

Wer Glück anstrebt, dem vergeht es.

Wer Erfolg anstrebt, dem vergeht er.

Glück, Lust und Erfolg sind Zugaben. Hingabe an die Sache schließt Anerkennungssucht aus. Wer den Erfolg erzwingen will, muss davor zittern, erfolglos zu werden. Wer wie ein Besessener den Erfolg im Auge hat und Bewunderung braucht, zittert vor jeder Blamage.

Noch einmal Elisabeth Lukas: „Erfolg stellt sich nur ein im Haus dessen, der sein Wirken einer Aufgabe zu Füßen legt, die von außen an seine Tür pocht. Wer sein Haus lediglich von innen auf Glanz bringen will, um den ‚eigenen Wohnkomfort zu vervollkommnen, übersieht, dass dabei Tore ins Schloss fallen, die ihn zum Gefangenen seiner selbst werden lassen."[8]

Wer stellt uns in Dienst? In erster Linie unser Herr oder wir selbst? Kreisen wir um uns selbst und haben uns zu Gefangenen gemacht? Arbeiten wir auf eigene Rechnung oder in seinem Namen? Erfüllt uns die Aufgabe oder der Ehrgeiz, Erfolge anzusammeln? Arbeiten wir hauptsächlich für „den eigenen Wohnkomfort", oder haben wir die anderen im Auge? Wo Gaben und Fähigkeiten einem Selbstzweck dienen, ruinieren wir unsere Gesundheit. Eitelkeit, Anerkennungssucht und übertriebener Ehrgeiz beinhalten einen gefährlichen Di-Stress. Paulus hat den Plan für unser Leben auf den Punkt gebracht, wenn er schreibt: „Was nun der Geist in jedem Einzelnen von uns wirkt, das ist zum Nutzen aller bestimmt" (l. Kor. 12,7).

Die Mischfinanzierung – Leistung und Gnade

Der Theologe Siegfried Kettling, Direktor der Bibelschule in Unterweissach, hat ein Buch geschrieben, das die Grundbegriffe des evangelischen Glaubens präzise formuliert. In seinem Kapitel „Vom unfreien Willen" stellt er die Versuchung vieler Christen dar, Leistung und Gnade elegant zusammenzubinden. Der Streit zwischen dem großen Humanisten Erasmus von Rotterdam und dem Reformator Martin Luther wird von ihm exakt verifiziert. Der Schrift „Über den freien Willen" setzt Luther seine wichtigste Schrift entgegen „Über den unfreien Willen". Die Aussagen beider Gelehrten sind im Kern unversöhnlich.

Der Streit der Reformation ist bis heute nicht beigelegt. Im Kopf vieler Christen ist das Problem jedoch gelöst, denn im Alltag geben viele evangelische Christen dem Erasmus Recht und halten krampfhaft an der Mischfinanzierung von Gnade und Eigenleistung fest. Luther hat diese Ungeistliche Verbindung von Gnade und menschlicher Leistung „eine teuflische Irrlehre" genannt. Kettling beschreibt diese beiden theologischen Vorstellungen folgendermaßen:

„Für Erasmus ist die Burg – Mensch genannt – wohl weitgehend vom Feind erobert, aber im Burgfried, im innersten Refugium, brennt noch ein Lämplein der Freiheit. Wird von dort innen der Ausbruch gewagt und kommen von außen Hilfstruppen dazu, dann ist die Rettung gewiss. Dieser noch glühende Funke im Personenkern, eben das ist der freie Wille; die Hilfstruppen wären die hinzukommende göttliche Gnade.

Für Luther ist gerade das innerste Zentrum (‚Herz', ‚Gewissen') längst vom Feind erobert, ja zur Kommandozentrale des Satans umfunktioniert.

Gerade in seiner Persönlichkeit ist der Mensch versklavt, vom ‚arg bösen Feind' geradezu ‚besessen' – eben das meint das Stichwort unfreier Wille."[9]

Gnade und Leistung, Gnade und Verdienst, Gnade und frommes Werk sind eine elende Mischfinanzierung und in den Augen Luthers eine Todsünde. Wird Gnade mit Leistung und Verdienst gekoppelt, ist Gnade keine Gnade mehr. Luther hat logisch gedacht völlig Recht. Die Leistungsgerechtigkeit sitzt uns Christen tief im Blut. Wir wollen uns nichts schenken lassen, wir wollen wenigstens etwas beisteuern. Das Lied „Stern, auf den ich schaue" beinhaltet einen Satz, der für uns gültig ist: „Nichts hab' ich zu bringen, alles, Herr, bist du."

Luther war kein Fatalist, der glaubte, alles sei vorherbestimmt, alles sei Vererbung, Umwelt, Erziehung und ein blindes Schicksal. Gerade Luther hält den Menschen nicht für eine klägliche Marionette, die an Fäden ferngesteuert wird. Er unterscheidet zwei Bereiche: Über Essen und Trinken, Kleider und Schuhe, Arbeit und Urlaub, Faulheit und

Ehrgeiz können wir zum Teil frei entscheiden. Aber wo es um Paradies und Hölle, um Erlösung und Verdammnis geht, da gelten allein die Gnade und allein der unfreie Wille. Selbst auferlegte Heiligung, fromme Leistung und frommer Ehrgeiz sind geistliche Irrwege.

Erfolg und Erfüllung

- Was wollen wir, ein erfolgreiches oder ein sinnerfülltes Leben führen?
- Müssen wir etwas vorweisen?
- Müssen wir uns bestätigen?
- Brauchen wir gute Ergebnisse, um leben zu können?
- Muss unser Bankkonto gefüllt sein?

Gefüllte Taschen beinhalten kein gefülltes Leben.

Viele Menschen füllen in ihrem Kopf einen Reichtum an Wissen an, sie füllen – wie der reiche Kornbauer – ihre Scheuern mit geistigem Gut. Sie sind reich und dennoch nicht erfüllt.

Der Schweizer Arzt und Psychotherapeut Paul Tournier beschrieb diesen Unterschied in einem seiner Bücher: „Ich bin oft höchst erstaunt darüber, wie selten es vorkommt, dass reiche Leute sich an ihrem angehäuften Reichtum wirklich freuen. Sie haben im Leben Erfolg gehabt, aber sie haben ihr Leben nicht erfüllt, und anscheinend ist gerade ihr Erfolg schuld daran."[10]

Was ist aber der Sinn unseres Lebens? Was ist Gottes Plan für den Menschen?

Der Theologe Ulrich Eibach fasst diesen Gedanken so zusammen: „Der Bund Gottes mit den Menschen, die Gemeinschaft von Gott und Mensch in unaufhaltbarem Gegenüber von Gott und Mensch, ist das Ziel der Schöpfung, das aller

Schöpfung ihren Grund und Sinn gibt … Der Mensch ist also von seiner Bestimmung her in dieser doppelten Bezogenheit auf Gott und die Welt zu sehen. Er steht insofern zwischen Gott und Welt … Der Mensch ist das Wesen, das Verantwortung für die Welt tragen soll und kann, darin liegt in der Tat eine einmalige Auszeichnung des Menschen."[11]

Wir sind Gottes Ebenbild, „Statthalter Gottes auf Erden", wie es im l. Buch Mose formuliert ist. Und diese Gottesebenbildlichkeit beinhaltet Herrschaft über die Kreatur. Christen leben von Verheißung und Erfüllung. Jesus Christus ist der verheißene Retter. In ihm, mit ihm und durch ihn führen wir ein erfülltes Leben.

Menschen, die mit Jesus leben, sind erfüllte Menschen.
- Sie sind erfüllt von seinem Geist.
- Sie sind erfüllt von seinem Plan.
- Sie sind erfüllt von seiner Bestimmung.
- Sie sind erfüllt von seinem Auftrag.

Kapitel 4

Ehrgeiz und seine Folgen

Ehrgeiz wird in Leistungsgesellschaften, und dazu gehören wir, groß geschrieben. Viele Menschen sind der Meinung:

- ohne Ehrgeiz keine großen Leistungen,
- ohne Ehrgeiz kein Erfolg,
- ohne Ehrgeiz keine Siegesprämien,
- ohne Ehrgeiz keine bahnbrechenden Erfolge,
- ohne Ehrgeiz kein Fortschritt.

Wie ist diese Grundannahme zu bewerten?
Viele sehen im Ehrgeiz einen unbezahlbaren Antrieb. Ein Kind ohne Ehrgeiz ist ein schwaches und bemitleidenswertes Kind. Es läuft im Leben mit, aber leistet nichts Herausragendes. Nur der Ehrgeiz bringt den Menschen an die Spitze, verschafft ihm Karriere, Titel und Anerkennung. Darum sagen wiederholt Eltern und Erzieher in der Seelsorge:

- „Ich wünschte meinem Sohn eine gehörige Portion Ehrgeiz!"
- „Unsere Tochter ist mit ihren Leistungen zufrieden. Sie könnte wesentlich mehr leisten, aber ihr fehlt der Ehrgeiz!"
- „Ohne Ehrgeiz kommen wir zu nichts!"

Was haben wir als Christen zum Ehrgeiz zu sagen?
Gibt es gesunden Ehrgeiz?
Wo wird der Ehrgeiz fragwürdig und gewinnt eine ungeistliche Komponente?

Beide Begriffe gehören zusammen, der eine korrespondiert mit dem anderen. Wo starke Minderwertigkeitsgefühle vorherrschen, macht sich übergroßer Ehrgeiz bemerkbar. Aber auch das andere gilt: Starker Ehrgeiz ruft starke Minderwertigkeitsgefühle hervor. Rudolf Dreikurs hat Recht, wenn er schreibt:

„Das Minderwertigkeitsgefühl ist tatsächlich kein Impuls, der dem Empfindungsleben angehört. ‚Das Gefühl' ist nur ein äußerer Aspekt, dem ein allgemeiner Begriff, eine Meinung, ein gedanklicher Prozess zugrunde liegt ... Tatsächlich entsprechen das Maß und die Intensität von Minderwertigkeitsempfindungen keineswegs unseren wirklichen Fähigkeiten und Mängeln. Es stimmt gar nicht, dass weniger Befähigte mehr unter Minderwertigkeitsgefühlen leiden. Man könnte sogar sagen, dass das Gegenteil der Fall ist. Je ehrgeiziger und begabter ein Mensch, umso stärker ist sein Empfinden der Unzulänglichkeit."[1]

Halten wir fest:

- Der Ehrgeiz ist ein Zeichen dafür, dass der Mensch Gefühle der Unzulänglichkeit entwickelt hat, die völlig unbegründet sein können. Er will überlegen sein, er muss besser, tüchtiger, moralischer und erfolgreicher sein.

- Der Ehrgeizige beurteilt das Leben falsch. Die Einschätzung von Tatsachen beruht auf einem Vorurteil. Der Zweifel am eigenen Wert beherrscht das Denken, Fühlen und Handeln dieses Menschen. Selbstzweifel fördern den Ehrgeiz und treiben den Menschen in überhöhte Aktivität.

- Der Ehrgeizige zahlt einen hohen Preis für sein überdurchschnittliches Streben. Ihm sitzt die Angst im Nacken zu versagen.

Rudolf Dreikurs macht darauf aufmerksam, dass unsere Nervenkliniken, unsere Gefängnisse, unsere psychosomatischen Kliniken und unsere modernen therapeutischen Lebensgemeinschaften voll von Menschen sind, die ihre Hoffnung verloren haben, in der Gemeinde, in der Familie und in der Gesellschaft einen Wert zu haben.

Ehrgeiz und Gemeinschaftsgefühl

Beide Begriffe widersprechen sich. Starker Ehrgeiz verhindert das Gemeinschaftsgefühl. Übergroßer Ehrgeiz untergräbt die Nächstenliebe. Der Ehrgeizige will nicht kooperieren, er will überlegen sein. Er ist kein guter Mitspieler, denn er versteht sich als Alleinunterhalter und Spielverderber. Wer besser, schneller, intelligenter, moralischer und vollkommener sein will, tötet die Nächstenliebe.

Ehrgeiz ist ein selbstsüchtiges Denken und Verhalten. Gottes Liebe und Nächstenliebe sind die beiden Pfeiler, die christliches Leben widerspiegeln. Deshalb müssen sich Ehrgeiz und Nächstenliebe auf Kollisionskurs befinden. Je ehrgeiziger ein Mensch ist, desto eigenwilliger, egoistischer und selbstsüchtiger gestaltet er sein Leben. Ehrgeizige Menschen

... suchen ihre Ehre,

... wollen sich an anderen vorbei verwirklichen,

... torpedieren Partnerschaft und Gemeinschaft und

... versuchen, „ihr Schäfchen ins Trockene zu bringen".

Ehrgeiz und Eitelkeit sind Worte, die Alfred Adler in einem Atemzug nennt. Der Ehrgeizige und Eitle verletzt die anderen. Adler beschreibt sein Verhalten so: „Die wegwerfende, herabsetzende Art, in der sich solche Menschen nicht genug sein können, ist die Ausdrucksform einer bei diesem Charakterzug überaus häufigen Erscheinung, die wir Entwertungstendenz nennen. Es ist ein Versuch, sich das Gefühl der Überlegenheit dadurch zu verschaffen, dass sie den anderen sinken lassen."[2]

Der Ehrgeizige übt Kritik, er macht andere fertig und setzt sie herab. Seine Eitelkeit springt dem anderen ins Auge, und die Nächstenliebe kapituliert.

Ehrgeiz und Geschwisterkonstellation

Die Stellung der Kinder in der Familie bringt oft die Entscheidung über die Persönlichkeit des Kindes. Erste, mittlere oder jüngste Kinder haben je ihre eigene Entwicklung. Innerhalb der Familie

... werden Bündnisse geschlossen,

... Oppositionen werden etabliert,

... Rivalität und Konkurrenzstreben werden gefördert,

... Ehrgeiz wird abgeschaut oder durch Bevorzugung eines Kindes installiert.

Die Erfahrung zeigt, dass jedes Kind unterschiedliche Gefühle gegenüber seinen Geschwistern hat. Alle Mitglieder beobachten sich, schätzen Erfolg und Misserfolg, Feindschaft, Freundschaft und Streit ein. In dem Bereich, in dem einer Erfolg hat, gibt der andere leicht auf. Wo einer Schwächen und Mängel zeigt, springt der andere für ihn in die Bresche. Starker Wettbewerb in der Familie und zwischen Geschwistern drückt Rivalität aus. Rivalität fördert den Ehrgeiz und das Sichvergleichen.

Rivalität und Ehrgeiz sind in der biblischen Geschichte häufig zu finden. Jakob und Esau, die zweieiigen Zwillinge, sind ein Beispiel für Geschwisterrivalität und Ehrgeiz. Das älteste Kind und das zweitgeborene liegen in der Regel im Machtkampf. Sie sind sich nicht grün und streiten um Vor- und

Sonderrechte. Jakob, der Glatte, Esau, der Raue, liegen im Kampf miteinander. Die Mutter stellt sich auf die Seite des Jüngeren, der nach Esau geboren wurde, und unterstützt sein ehrgeiziges Vorhaben, den Älteren um sein Erstgeburtsrecht zu bringen. Aalglatt mogelt er sich durchs Leben. Er überlistet den Bruder, den Vater und seinen Schwiegervater. Sein Ehrgeiz treibt ihn, er will nicht ins zweite Glied, er will die erste Geige spielen und herrschen.

Im Märchen „Der Wolf und die sieben Geißlein" ist es das jüngste, das sich im Uhrenkasten versteckt und dem bösen Wolf trotzt. Das jüngste beweist Schläue und wird zum Retter der ganzen Familie. Jüngste Kinder sind häufig sehr ehrgeizige Kinder. Sie haben unter Umständen mehrere Geschwister über sich und wollen die älteren Geschwister einholen oder sogar überholen. Ihr Ehrgeiz lässt ihnen keine Ruhe.

Ehrgeiz und Lebenseinstellung

Welche Einstellungs- und Verhaltensmuster kennzeichnen den Ehrgeizigen?

Im Umgang mit sich und anderen praktiziert der neurotisch Ehrgeizige auffallende Strategien, die ihm viel Kraft und einen hohen Preis abverlangen. Drei Verhaltens- und Einstellungsmuster sind es, die besonders augenfällig sind:

1. Er vergleicht sich

Der Ehrgeizige wird von einem zwanghaften Konkurrenzbedürfnis beherrscht. Dieses Konkurrenzdenken ist ein krankhaftes Sich-vergleichen. Der Vergleich raubt dem Betroffenen seine Gelassenheit und Ruhe. Er fühlt sich getrieben und pausenlos angestachelt, darum kann er nichts im Leben genießen. Seine Gedanken sind mit Erfolg und Sicherheit beschäftigt. Nicht die Freude an der Tätigkeit ist entscheidend, sondern das Ergebnis. Ist er besser, gründlicher, wertvoller und bedeutender? Im Hintergrund schwebt ständig eine Grundangst, in der feindlichen Welt isoliert und hilflos zu sein. Es ist einleuchtend, dass der Ehrgeizige von seiner Art und von sich selbst entfremdet wird.

2. Er will einzigartig sein
Dieser neurotische Ehrgeiz treibt den Menschen an, der Erfolgreichste zu werden. Er will einzigartig und ungewöhnlich sein. Das Mittelmaß ist ihm verhasst, nur der Superlativ schwebt ihm vor Augen. Leider hat aber das Streben nach Einzigartigkeit eine Kehrseite, nämlich die Angst vor Hilflosigkeit. Wer das Höchste anstrebt, ist ständig mit der Schwäche konfrontiert, wenn ihm der Erfolg nicht sofort gelingt. Der Zwang zum Optimalen hat den Selbstzweifel im Gefolge. Wer einzigartig und vollkommen sein will, muss absolut fehlerfrei sein. Doch wer anstrebt, fehlerfrei zu sein, kämpft ununterbrochen mit seinen Schwächen und Mängeln. Wieder ist ein innerseelischer Konflikt vorprogrammiert. Traumwelt und Realität prallen aufeinander.

3. Er wird feindselig
Wer so neurotisch ehrgeizig denkt und lebt, wird in zwischenmenschlichen Beziehungen feindselig. Feindseligkeit ist das Wesen des Konkurrenzstrebens, denn die anderen sind keine Mitmenschen, Nächsten, Nachbarn und Freunde. Sie sind Konkurrenten, die besiegt und übertrumpft werden müssen. Selbst in harmlosen Situationen empfindet er Neid- und Rivalitätsgefühle. Er stimmt in der Gemeinde ein Lied an und trifft nicht den richtigen Ton, sofort fühlt er sich minderwertig und schlecht. Er glaubt, versagt zu haben,

und kann sich den Fehler nicht verzeihen. Sitzt er im Hauskreis mit Gemeindegliedern zusammen, glaubt er, alle seien intelligenter, biblisch bewanderter, gäben geistvollere Antworten und seien ihm überlegen. Wo er geht und steht, erlebt er Rivalitätsgedanken und -gefühle. Was tut er?

... Er will imponieren,

... er will Überlegenheit demonstrieren,

... er strengt sich an,

... er zermartert krampfhaft sein Hirn, um Wertvolles auszubrüten.

Diese Feindseligkeitsgefühle korrespondieren mit Wünschen, beliebt zu sein und von allen gemocht zu werden.

Der neurotisch Ehrgeizige denkt also auffallend in den Kategorien „oben" und „unten". Jede Unterlegenheit trifft ihn wie eine Demütigung. Er fühlt sich herabgesetzt und reagiert negativ. Kein Wunder, dass seine zwischenmenschlichen Beziehungen von Stress, Angst, Anspannung, Misstrauen, Neid und Rivalität durchzogen sind.

Ehrgeiz kann alle Lebensbereiche bestimmen

Ehrgeiz kann sich auf vielen Gebieten äußern, er ist keineswegs nur auf den Beruf beschränkt. Jeder Aspekt des Lebens kann von Ehrgeiz beherrscht werden. Einige Beispiele:

Ein Ehrgeiziger will sein Hobby perfekt beherrschen.

Ein Ehrgeiziger will seinen Pullover, den er strickt, zum Musterbeispiel der Strickkunst werden lassen.

- Ein Ehrgeiziger will seine Wohnung einmalig sauber halten.

- Ein Ehrgeiziger will ein brillanter Unterhalter sein.

- Ein Ehrgeiziger will überaus sexuell potent sein.

- Ein Ehrgeiziger will die anderen an Höflichkeit übertrumpfen.
- Ein Ehrgeiziger will ein Instrument wie ein Künstler beherrschen.
- Ein Ehrgeiziger will an Zuverlässigkeit von niemandem überholt werden.
- Ein Ehrgeiziger züchtet Tauben, und nur wenige in Deutschland können mit seinen Zuchterfolgen mithalten.

Neurotischer Ehrgeiz kann sich an kleinen Alltagsproblemen festmachen, und er kann die Ehe, die Erziehung, die Küche, die Gesundheit und den christlichen Glauben erfassen. Auch Heiligung und Nachfolge können extrem ehrgeizig gehandhabt werden. Pharisäertum und Perfektionismus sind beliebte Denk- und Verhaltensmuster, die das Glaubensleben belasten können.

Ehrgeiz und Eifersucht

Ehrgeiz ist nicht selten mit Eifersucht gepaart. Im Mittelpunkt steht „die eitle Ehre", es dreht sich alles um das eigene Ich. Ehrgeiz und Eifersucht sind menschlich und geistlich fragwürdige Muster. Eifersucht will binden, an sich ketten und besitzen. In der Tat ist Eifersucht eine kranke Liebe. Sie sieht in erster Linie sich und nicht den anderen, darum ist Eifersucht eine selbstzerstörerische Liebe. Aus der Seelsorge und Beratung an eifersüchtigen Menschen wird diese Selbstzerstörung deutlich. Wie ein gefährlicher Bazillus zerfrisst sie den ganzen Menschen. Eifersucht ist Angst, den anderen zu verlieren, deshalb liegt sie auf der Lauer und überwacht den anderen. Alle Blicke und Gesten, alle Worte und Verhaltensweisen des Partners werden gedeutet und missdeutet. Seine Wege, seine Telefongespräche und alle zwischenmenschlichen Kontakte werden kontrolliert. Eifersucht und Ehrgeiz sind miteinander verschwistert, denn in beiden Verhaltensmustern spielt ein abnormer Egoismus eine große Rolle. Nicht der andere steht im Mittelpunkt, nicht der andere wird „höher geachtet als ich selbst", sondern alles dreht sich um das eigene Ich.

Wie Eifersucht und Ehrgeiz in geistlicher Hinsicht zu sehen sind, macht der Theologe Reinhard Frische deutlich. Er schreibt in einer Auslegung über den 1. Korinther 13: „Wo Eifersucht herrscht, da muss erst noch etwas in Ordnung gebracht werden. Eifersucht ist der untrügliche Ausdruck des Versuches, jemanden zu lieben, ohne Gott an die erste Stelle zu setzen, also ohne Gottes Herrschaft und die Freiheit des anderen Menschen zu respektieren, ohne also selbst als geänderter, von der Selbstsucht gereinigter Mensch zu leben. Wo Eifersucht ist, da versucht man zu lieben und gleichzeitig auf seine eigenen Kosten zu kommen. Dieser Widerspruch zerreißt die Gemeinschaft und zerreißt einen schließlich selbst. Eifersucht ist kranke Liebe."[3]

Ehrgeiz und Neurose

Die Neurose ist eine seelische Störung, die in der Regel starke Minderwertigkeitsgefühle widerspiegelt. Diesen Mangelzustand will der Mensch krampfhaft beheben und steigert sich in ein Überlegenheitsgefühl hinein. Seine Anstrengung und sein Ehrgeiz führen dann zu einer Fehlkompensation. Der Neurotiker weicht den Forderungen des Lebens aus, er drückt sich vor der Verantwortung, flieht in die Krankheit, findet Ausreden und mogelt sich durchs Leben. Oder er prescht ehrgeizig in die andere Richtung vor. Dann muss er sich auffallend beweisen, zieht eifersüchtig an anderen Menschen vorbei und zwingt sich überdurchschnittliche Leistungen ab. Dabei reagiert er überängstlich bei Misserfolgen und Niederlagen.

Wir leben in einer Kultur, wo Macht, Prestige und Besitz eine große Rolle spielen. Diese drei Aspekte werden hoch bewertet und sollen dem Menschen Sicherheit verleihen. Das Ziel der Sicherheit kann aber nur durch Ehrgeiz und Leistungsstreben erreicht werden. Wer Macht anstrebt, will Ohnmachtsgefühle verhindern, wer Prestige anstrebt, will Bedeutungslosigkeit ausklammern, und wer Besitz erringen will, hat Angst vor Armseligkeit.

Der neurotische Ehrgeiz ruft aber einen innerseelischen und zwischenmenschlichen Konflikt hervor. Der Konflikt beinhaltet das Zusammenprallen von zwei entgegengesetzten Bestrebungen.

Wie sieht dieser Konflikt aus?

– Der ehrgeizige Neurotiker will Rivalen ausstechen und gleichzeitig geliebt werden;
– er will Macht ausüben und gleichzeitig liebevoll ankommen;
– er benutzt die Expansion, und gleichzeitig sucht er nach der vollbrachten Leistung den Rückzug;
– er will sich durchsetzen und gleichzeitig bewundert werden.

Dieser Konflikt ist ein Kernproblem des neurotischen Ehrgeizes. Der Ehrgeizige erlebt ein hohes Maß an Spannung in sich. Er verfolgt zwei Ziele, die oft in entgegengesetzter Richtung liegen. Diese Konflikte (Zusammenstöße) zermürben ihn. So beschreibt das Wörterbuch der Individualpsychologie den Ehrgeiz einer neurotischen Person folgendermaßen: „Bei der Beschreibung der praemorbiden, also der neurotisch disponierten Persönlichkeit wird von Adler besonders auf den ‚himmelhohen Ehrgeiz' hingewiesen, bei gleichzeitigem Vorhandensein von Zügen von extremer Neigung zur Ordnung, Sauberkeit, Pünktlichkeit, Gewissenhaftigkeit, Untadeligkeit bei einem hohen Maß an Aktivität."[4] Der Ehrgeizige lehnt jedes Mittelmaß ab. Nur extreme Denk- und Verhaltensmuster beflügeln ihn. Doch die machen ihn störanfällig und krank.

Ehrgeiz und Eitelkeit

Ehrgeiz ist die Triebfeder zur Einzigartigkeit, die wiederum ist die Triebfeder zur Überwertigkeit. Deshalb neigt der Ehrgeizige zur Selbstüberschätzung. In jedem Menschen steckt ein Stück Eitelkeit.

- Er muss überlegen sein,
- er muss besser sein,
- er muss Eindruck machen und viel dafür tun,
- er braucht Glanz und Triumph,
- er kann die anderen verachten (eine Methode),
- er kann sich so verhalten, dass er allen gerecht wird.

Paulus schreibt im Philipperbrief: „Dann macht mich vollends glücklich und habt alle dieselbe Gesinnung, dieselbe Liebe und Eintracht! Verfolgt alle dasselbe Ziel! Handelt nicht aus Selbstsucht oder Eitelkeit! Keiner soll sich über den anderen erheben, sondern ihn mehr achten als sich selbst" (Philipper 2, 2-3).

Alfred Adler kennzeichnet die Identität dieser beiden Begriffe so: „Manchmal hilft sich der Mensch damit, dass er für das Wort Eitelkeit oder Hochmut das schöner klingende Wort Ehrgeiz gebraucht, und es gibt eine Menge Menschen, die mit Stolz von sich aussagen, wie ehrgeizig sie seien. Manchmal gebraucht man auch nur den Begriff ‚Strebsamkeit'. In der Regel verdecken diese Ausdrücke nur eine außerordentliche Eitelkeit."[5]

Es bleibt dabei: Ehrgeiz ist Eitelkeit, eine übergroße Strebsamkeit und eine Fehlkompensation. Ehrgeiz und Gemeinschaftsgefühl sind miteinander nicht vereinbar.

Wie sehen nun die Verhaltensmuster des Ehrgeizes und der Eitelkeit aus?

Ich nenne neun Verhaltensmuster:

- Der Ehrgeizige muss seinen Ehrgeiz verstecken, damit er nicht unangenehm auffällt. Er ist mit Tarnung beschäftigt;
- er wird oft von Zweifeln geplagt, ob er genügt, ob seine Beiträge ausreichen;
- er stellt sich abseits und ist misstrauisch;
- er verliert den Anschluss ans Leben, an die Gemeinschaft, an den Sinn im Leben. Sein Leben ist Leistung und Ehrgeiz;
- er reagiert unzufrieden mit sich selbst;
- er kann sehr schlecht genießen, weil seine Gedanken und Vorstellungen sich mit Ansprüchen beschäftigen und nicht mit Genuss;
- er dreht sich um sich und seine Interessen, er ist egozentrisch, weil sein Wert sonst ins Wanken gerät – glaubt er;
- er benutzt Freundlichkeit, Entgegenkommen und Liebenswürdigkeit, um sich durchzusetzen, um überlegen zu sein;
- er lebt in Anspannung und Spannung, die ausdrücken, dass er an seinem Erfolg zweifelt.

Ehrgeiz, Eitelkeit und Selbstsucht sind Verhaltensmuster, die einen bestimmten Lebensstil hervorbringen. Der Lebensstil beinhaltet alle Lebensgrundüberzeugungen eines Menschen, alle Denkgewohnheiten, Fühl- und Verhaltensmuster. Der Lebensstil ist wie die Leitmelodie eines Musikstückes und kennzeichnet diesen einmaligen Menschen.

Wie schon beschrieben, treibt starker Ehrgeiz den Menschen um und charakterisiert seine Persönlichkeit. Wie können also solche Lebensstile von Ehrgeizigen in Kurzform lauten?

- Nur wenn ich überehrgeizig bin, bin ich anderen Menschen überlegen.
- Nur wenn ich eine hohe Leistungsbereitschaft zeige, werde ich ernst genommen.
- Nur wenn ich ehrgeizig in Bezug auf Pünktlichkeit, Sauberkeit und Genauigkeit bin, werde ich geliebt.
- Nur wenn ich eine überdurchschnittliche Moral zeige, nehmen mich andere Menschen ernst.
- Nur wenn ich ein Musterkind bin, werde ich geliebt und akzeptiert.
- Nur wenn ich zwanghaft korrekt bin, falle ich aus dem Rahmen und werde bestätigt.
- Nur wenn ich mehr arbeite als die Menschen in meiner Umgebung, kann ich vor mir und anderen bestehen.
- Nur wenn ich opferbereiter bin als andere, meistere ich das Leben.
- Nur wenn ich überangepasster bin, komme ich mit den Menschen zurecht.
- Nur wenn ich das Doppelte an Arbeit schaffe, habe ich ein sicheres Gefühl in Bezug auf mich selbst.
- Nur wenn ich dem hohen Anspruch meines Vaters entspreche, habe ich einen Platz in der Familie.

Der Mensch, der seelisch krank wird, hat übertrieben ehrgeizige und unrealistische Lebensziele. Er muss erfolgreich sein und im Leben eine besondere Stellung innehaben. Jeder Lebensaspekt kann ehrgeizig überhöht werden. Wie können solche irrealen Lebensziele lauten?

- Für eine Liebesbeziehung kommt nur eine ideale und vollkommene Liebe in Frage. Finde ich sie nicht, gehe ich keine Partnerschaft ein.
- Das Ziel eines lebendigen Christen kann nur sein, niemals etwas Falsches zu sagen und zu tun.
- Wenn ich beruflich nicht das Optimale realisieren kann, fange ich es erst gar nicht an.
- An Diskussionen und Gesprächen kann ich mich nur beteiligen, wenn ich kluge und inhaltsschwere Gedanken beisteuere.
- Nur wenn ich in bestimmten Lebensbereichen eine überragende Rolle spielen kann, gebe ich meinen Beitrag.
- Nur wenn ich eine vollkommene Mutter und Erzieherin bin, habe ich das Recht, Kinder großzuziehen.
- Weil ich kein mittelmäßiger Lehrer sein will, verzichte ich ganz auf den Berufseinstieg und bleibe arbeitslos.

Solche irrealen Zielvorstellungen sind lebensfeindlich und machen lebensuntüchtig. Wer gedanklich zu hoch greift, wird passiv und entscheidungsunfähig. Der übergroße Ehrgeiz lahmt und dämpft jede Aktivität, und Zweifel und Unentschiedenheit lassen auf der Stelle treten. Hier begegnen uns viele intelligente Menschen, die seelisch krank im Abseits stehen, weil ihre hohen Ziele sie ängstlich und zweifelnd machen. Wer alles will, tut nichts.

Es ist für viele Ulcuskranke typisch, dass sie einen Wunsch nach Geborgenheit und Bemutterung durch ehrgeiziges Streben nach Unabhängigkeit kompensieren. Man bezeichnet Magen-Darm-Geschwüre als „Managerkrankheit". Der Ehrgeiz dieser Erfolgsmenschen ist häufig eine Rebellion auf das unterdrückte Bedürfnis nach Abhängigkeit. Manager sind nicht selten gekennzeichnet durch Härte, Mut und ehrgeizige Leistungen, aber diese Eigenschaften sind Enttäuschungsreaktionen. Diese Verhaltensmuster sind häufig Trotzstrategien gegen Weichheit, Zärtlichkeit und Wärme. Im Grunde handeln diese starken Bosse nicht unabhängig und selbständig, sondern werden aufgrund eines krankmachenden Konfliktes zum Karrierestreben angestachelt.

In der Psychosomatik werden diese Patienten häufig als „pseudo-unabhängige" Persönlichkeiten bezeichnet. Mit anderen Worten, die Unabhängigkeit ist nicht echt. Die Unabhängigkeit ist eine Ersatzbefriedigung, sie wird überspielt und ist überkompensiert.

Menschen, die ehrgeizig und besessen nach Erfolg streben, bekämpfen nicht selten ihre Sehnsucht nach Bemutterung, die ihnen in der Kindheit versagt blieb. Der Hunger nach Liebe, davon geht die psychosomatische Medizin aus, macht sich wie ein Hunger nach Nahrung im Magen bemerkbar und führt dadurch häufig zur Geschwürbildung.

Der Ehrgeiz geht also verschlungene Wege. Ehrgeiz kann auch mangelnde Mutterliebe und Sehnsucht nach Wärme und Geborgenheit in Härte, Durchsetzungskraft und aggressive Verhaltensmuster verwandeln.

Horst Eberhard Richter, Professor emeritus für psychosomatische Medizin in Gießen, hat die ehrgeizigen Allmachtsvorstellungen des modernen Menschen mit der Ablösung vom innigen Gottesglauben des Mittelalters erklärt. Er schreibt wörtlich: „Wir erzeugen sie aus einem zügellosen Bemächtigungsdrang, der uns beherrscht, seitdem wir dereinst unsere Sicherheit an Gott verloren haben. Seit dem Verlust der mittelalterlichen Gotteskindschaft leben wir in einer untergründigen heillosen Angststimmung, gegen die uns nur ein einziges Rezept eingefallen ist: uns selbst die totale Kontrolle über alle Ursachen und Kräfte aneignen zu wollen, von denen uns je Ungemach drohen könnte. Das Entsetzen vor einer unerträglichen Verlorenheit und Ohnmacht in der Welt ist somit die eigentliche Antriebsenergie, die sich hinter dem Drang nach technischer Allmacht verbirgt."[6]

Richter geht davon aus – und er gibt Antworten mit Hilfe der Psychoanalyse –,

... dass der Mensch seinen inneren Halt, den er in Gott besaß, verloren hat;

... dass der Mensch nicht ins totale Nichts, in die Leere fallen will, sondern sich in einen „narzisstischen Ersatzglauben" und in Allmachtsvorstellungen und Grandiosität flüchtet;

... dass sich der Mensch in seinem Geltungsstreben an die Stelle Gottes gesetzt hat.

Richter weist darauf hin, dass ehrgeiziges Allmachtsstreben mit dem Verlust der Gottesbeziehung zusammenhängt. Falscher Ehrgeiz ist ein ungeistliches und götzenhaftes Denken und Verhalten. Die Ehre, die Gott gebührt, versucht der Mensch an sich zu reißen.

Der Adler-Schüler Fritz Künkel, der uns eine Reihe aus-
gezeichneter Bücher hinterlassen hat, beschreibt ein Span-
nungsverhalten im Menschen, nämlich Ich-haftigkeit und
Sachlichkeit.

Er gilt als Begründer der Wir-Psychologie. Der Begriff macht
deutlich, dass dort das Ich-hafte negativ und gemeinschafts-
feindlich beurteilt wird. Der ehrgeizige Mensch ist in der
Regel ein ich-hafter Mensch. Je ich-hafter er denkt, desto
unsachlicher und geltungssüchtiger ist er. Ich-haftigkeit und
Sachlichkeit sind gegensätzliche Verhaltensmuster. Künkel
schreibt: „Man kann die Frage, ob jemand ich-haft oder
sachlich ist, dadurch entscheiden, dass man sich oder ihn
fragt: ‚Wozu tust du, was du tust?' Man fragt nach dem
Zweck seines Handelns, man fragt, ob der Handelnde sich
in den Dienst der Sache stellt, ob er sich zum Mittel und die
Sache zum Zweck macht, oder ob er umgekehrt die Sache in
seinen Dienst stellt und sich selbst zum Zweck macht."[7]

Was verdeutlichen uns Ich-haftigkeit und Sachlichkeit?

- Wer sein Tun und Denken in den Dienst der Eitelkeit und
  des Geltungsstrebens stellt, ist ich-haft und nicht sachlich.
  Da es keine reine Sachlichkeit gibt, ist in jedem Verhalten
  und Denken ein Stück Ich-haftigkeit und Sünde zu finden.

- Je sachlicher ein Mensch ist, desto geduldiger kann er
  sein. Unsachlichkeit ist ein Zeichen eifrigen Strebens
  nach Erfolg.

- Mangelnde Sachlichkeit fördert eine ständige Angst vor
  Niederlagen. Dem Menschen fehlen Ruhe und Gelassenheit, er will Leistung zeigen und Eindruck machen.

- Je größer die Ich-haftigkeit des Menschen, sein Ehrgeiz
  und sein Geltungsbedürfnis, desto stärker die Empfindlichkeit. Man muss ihn wie ein rohes Ei behandeln.

- Diese Empfindlichkeit hat in der Regel Einsamkeit zur Folge. Der ehrgeizige und empfindliche Mensch zieht sich zurück, er isoliert sich und geht Kritikern aus dem Weg.

Noch einmal Fritz Künkel, der Ich-haftigkeit und Sachlichkeit in einem weiteren Buch folgendermaßen zusammenfasst: „Die Regel lautet: Wer ich-haft ist, ist es in seiner großen Arbeit genauso wie in den kleinen Dingen des täglichen Lebens. Er kann aus seiner Einwirkung auf die Menschen in jedem beliebigen Gespräch genauso gut wie aus dem Endergebnis seiner Lebensarbeit ablesen, ob er ein Schaumschläger und Komödiant oder ob er ein sachlicher Arbeiter ist. Die Selbstbeurteilung und die Beurteilung durch andere darf nicht maßgebend sein. Der einzig gültige Maßstab ist die Abnahme oder Zunahme in der Ich-haftigkeit derer, mit denen man zu tun hat. Gelingt es, ringsum Sachlichkeit zu verbreiten, so darf man annehmen, dass man die eigene Ich-haftigkeit eingeschränkt hat. Wächst die Ich-haftigkeit des anderen, so ist der eigene Mangel an Sachlichkeit schuld."[8]

Ehrgeiz und Selbstmordgedanken

Dass übertriebener Ehrgeiz auch zu Selbstmordgedanken und zum praktizierten Selbstmord führen kann, zeigt uns das Leben von Jochen Klepper. Vielen ist er durch die Lieder im Kirchengesangbuch bekannt.

Klepper wurde 1903 als Sohn eines evangelischen Pfarrers in Beuthen an der Oder geboren. Jochen Klepper studierte nach dem Abitur Theologie und entdeckte sehr früh seine Liebe zur Schriftstellerei und zum Theater. Er brach sein Studium ab und ging zum evangelischen Presseverband. Er schrieb Flugblätter zu Zeitfragen, veröffentlichte in vielen

Zeitschriften Buchbesprechungen und arbeitete an Romanen. Eines seiner Flugblätter beschäftigte sich mit dem Thema: „Das Recht auf Selbstmord". 1931, also im Alter von 28 Jahren, lernte er die 13 Jahre ältere jüdische Witwe Johanna Stein mit ihren zwei Kindern kennen und heiratete sie. Klepper schrieb in sein Tagebuch: „Wäre Hanna nicht gekommen, ich wäre verrückt geworden."

Der Lebenslauf Kleppers beschreibt die Entwicklung zum Selbstmord als kontinuierliche Einengung. Klepper wird von Selbstzweifeln geplagt und von großen Sorgen um seine Familie. Seine Selbstmordgedanken und Selbstmordphantasien nahmen ständig zu. Schon mit 29 Jahren schrieb er, dass die Überzeugung, ein erfolgreiches Leben zu führen, nicht lohnt.[9] Und „wäre Hanni (seine Frau) nicht in mein Leben gekommen, es wäre, was datenmäßig bestimmbar ist, eine Familienkatastrophe, krank, wirr und geängstigt, geworden".[10]

Welche Rolle spielte nun der Ehrgeiz in seinem Leben? Klepper schreibt darüber: „Weil mein Ehrgeiz, auch, wo ich ihn durchschaue, mir keine Ruhe lässt und ich vor ihm kapitulieren muss wie vor einem Trieb. Aber es ist ein Ehrgeiz ohne unfromme Sorge; weil meine Produktivität dauernd wie ein Hund ist, der einen Knochen zwischen den Zähnen haben will. Ich ahne das Glück der Muße, aber auch hier kapituliere ich vor einem Trieb; weil ich nur durch das hohe Maß und den befriedigenden Gehalt meiner Arbeit über den Schmerz hinwegkomme, dass ich, der ich so fest an die Fügung glaube, in dem Kreis, in dem man zur Welt kommt und den man in die Welt bringt, dass ich hinter mir mit meiner Familie gebrochen habe und vor mir keine Familie sehe ... Ich kann kein Tier mit einem Jungen sehen, kein Kind, ohne dass alles in mir zusammenzustürzen scheint."[11]

Klepper litt unsäglich unter der Kinderlosigkeit seiner Ehe.

Er versuchte, alles mit Ehrgeiz und Leistung auszugleichen. Ein Vierteljahr vor seinem Selbstmord schrieb er selbstkritisch über seinen Ehrgeiz und seine überhöhten Lebenserwartungen: „Ich drohe an der nicht mehr von mir erfüllbaren Forderung meines Lebens zu zerbrechen."

- Überhöhter Ehrgeiz,
- überhöhte Lebensansprüche,
- überhöhte Erwartungen und
- überhöhtes Vollkommenheitsstreben, das sind die falschen Lebensgrundüberzeugungen, die einen in die Verzweiflung und in den Selbstmord treiben können.

Ehrgeiz und Macht

Der schwedische Theologe Edin Løvås hat ein bedenkenswertes Buch mit dem bezeichnenden Titel „Machtmenschen" geschrieben. Einfühlsam und differenziert schildert er Führerfiguren, die sich in der Gemeinde Jesu als Machtmenschen entpuppen. Viele Gemeindeglieder sammeln sich gern um starke Persönlichkeiten, die Ausstrahlung haben, die Vollmacht aufweisen und die in den Gemeinden den Ton angeben. Ihre Worte und Erkenntnisse werden hoch geschätzt. Schlichte Christen lassen sich begeistern und beeindrucken, und doch sind es häufig „Machtmenschen", die schwache Christen bestimmen, prägen und beeinflussen. Paulus nennt sie „falsche Apostel" und schreibt: „Ihr duldet es, wenn einer euch unterdrückt, euch einwickelt und ausbeutet, euch verachtet und ins Gesicht schlägt. Ich muss zu meiner Schande gestehen: dazu war ich zu schüchtern" (2. Korinther 11,20-21).
Machtmenschen sind auf Macht aus, aber was steht im Hintergrund? Was sind ihre wahren Motive?

– Sie wollen herrschen

Ehrgeiz und Überlegenheitsstreben sind Denk- und Verhaltensmuster, die Herrschaft fördern. Ihre ganzen Energien setzen sie ein, um Einfluss zu gewinnen. Sie riskieren den Machtkampf, weil sie bestimmen wollen. Es geht ihnen nicht in erster Linie um die Gemeinde, sondern um ihre eigene Anerkennung und um ihre Geltung.

– Sie stehen im Mittelpunkt

Machtmenschen sind ehrgeizig und stehen im Zentrum der Aufmerksamkeit. Sie genießen ihren Auftritt, sie brauchen das Rampenlicht und die Bühne. Løvås schreibt: „Handelt es sich um einen Gemeindeleiter, kann er z. B. Intrigen und Klatsch inszenieren. Es kann zu einer Fülle von Anschuldigungen kommen. Solch ein Gemeindeleiter kann sich aus heiterem Himmel mitten in einer Gemeindeversammlung erheben und verkünden, dass er gewissen Leuten die Maske vom Gesicht reißen oder gewisse Missstände entlarven werde. Er sieht den Splitter im Auge der anderen, aber nicht den Balken im eigenen Auge."[12]

Sie verstehen es, zu verbreiten, dass sie auf geistlicher Ebene den Durchblick haben, was ihnen kommentarlos abgenommen wird.

– Sie operieren mit Schuldgefühlen

Ehrgeizige Menschen fühlen sich nicht gleichwertig, sie stehen über den anderen und wollen herausragen. Gleichzeitig verstehen sie es meisterhaft, anderen Christen Schuldgefühle zu erzeugen, wobei Fehler und Angriffspunkte herausgestellt werden. Sie demonstrieren und beschuldigen andere, und die Angeklagten schweigen und fühlen sich ertappt. Solche Ehrgeizlinge erziehen Abhängige und Christen, die zu allem ja und amen sagen. – Sie untergraben das Selbstwertgefühl der Mitchristen. Wer in einer Gemeinde andere entlarvt, verfolgt und beschuldigt, untergräbt das Selbstwertgefühl der Opfer. Mit ihrem Verhalten brechen sie den Widerstand der Schwachen, um selbst befehlen und bestimmen zu können.

Ehrgeiz und Macht sind teuflische Verführungen, auf die viele Menschen hereinfallen. Jesus selbst wurde vor seinem öffentlichen Auftreten in der Wüste vom Teufel versucht. Die Machtfrage war die Hauptversuchung für den Heiland der Welt. Wer möchte nicht die Macht über die Welt in Händen halten? Welcher Mensch lässt sich nicht bei seinem Ehrgeiz packen, wenn ihm angeboten wird, unglaubliche Macht in seinen Händen zu halten? Es ist keine Frage, überstarker Ehrgeiz verleitet zum ungeistlichen Machtstreben.

Ehrgeiz im Neuen Testament

Das Wort Ehrgeiz erscheint im Neuen Testament in vielen Übersetzungen. Von Selbstsucht, Eitelkeit, Hochmut, Rechthaberei, von unehrlicher und eigennütziger Absicht ist die Rede. Ehrgeiz ist ein ungeistliches Verhalten, das von Ehrsucht und Ichsucht bestimmt ist. Der englische Theologe William Barclay schreibt über den „falschen Ehrgeiz": „Eritheia ist ein Wort, dessen Bedeutung degenerierte, und die Geschichte dieser Entartung ist in sich ein erschreckendes, aber dennoch getreues Abbild der menschlichen Natur. Im Neuen Testament wird es siebenmal gebraucht, und jedes Mal bezeichnet es einen Fehler, der die Arbeit der Gemeinde ruiniert ... Eritheia war ursprünglich ein achtbares Wort mit der Bedeutung von Arbeiten für Lohn. Dann begann es zu entarten. Es gewann die Bedeutung einer Arbeit, die man nur ausschließlich um des Lohnes willen tut; eine Arbeit, die man nicht um des Dienstes willen tut und die nur eine

Frage kennt: Was bekomme ich dafür? Im weiteren Verlauf erreichte es die Bedeutung von Stimmenfang und durch Ränkespiele ein öffentliches Amt erlangen."[13]

Das griechische Wort eritheia hat aber auch die Bedeutung von Zank. Es geht um Ränkespiel, Intrigen und Streitsucht. Wer die Bibeltexte nachschlagen will, findet sie an folgenden Stellen: Römer 2,8; 2. Korinther 12,20; Galater 5,20; Philipper 1,17 und Philipper 2,3; Jakobus 3,14 und Jakobus 3,16.

Fassen wir das Ganze zusammen, dann ergeben sich folgende Gesichtspunkte:

– Ehrgeiz ist grundsätzlich eine geistliche Fehleinstellung. Alle Belegstellen im Neuen Testament kennzeichnen den Begriff negativ.

– Ehrgeiz gehört zu den Werken des Fleisches. In Galater 5,19 und 20 spricht Luther von den Werken des Fleisches. Eritheia gehört u. a. dazu. Die Gute Nachricht spricht von „menschlicher Selbstsucht".

– Ehrgeiz beinhaltet Zank- und Streitsucht
Weil die eigene Ehre und die Eitelkeit im Mittelpunkt stehen, wird nicht der Nächste geachtet. Diese Missachtung führt zu Zank- und Streitsucht.

– Ehrgeiz dient dem Selbstruhm
Nicht der Dienst für andere und für Christus steht im Mittelpunkt, sondern Eigennutz, Selbstruhm, Profit und Macht.

– Ehrgeiz beinhaltet Rechthaberei
Wer Recht haben will, auch wenn er Recht hat, hat Un-

recht. Das ist eine geistliche These. Ehrgeizige Menschen – auch Christen – sind rechthaberisch und herrschsüchtig.

– Ehrgeiz strebt die eigene Herrschaft an
Barclay beschreibt unmissverständlich den Herrschaftsanspruch der Ehrgeizigen: „Es ist außerordentlich interessant zu erfahren, wie das Neue Testament dieses Wort benutzt. Am häufigsten finden wir es in den Paulusbriefen … Es war ein Verschulden, das die Gemeinde Gottes in Korinth an den Rand des Zerfalls brachte, denn es führte zur Aufsplitterung in Sekten und Parteien, die mehr auf ihre eigene Herrschaft bedacht waren als auf die Herrschaft Christi."[14]

Ehrgeiz kennzeichnet sogar die Jünger Jesu. Auf dem Weg nach Jerusalem, also auf dem Weg zum Kreuz, gibt es unter ihnen Zank und Streit, wer der Größte sei. Im Lukasevangelium heißt es: „Unter den Jüngern kam ein Streit auf, wer von ihnen als der Größte gelten sollte" (Lukas 22,24). Welcher Ehrgeiz hat die Jünger geritten, welche Machtvorstellungen schwirrten ihnen durch den Kopf?
Der verstorbene Evangelist Gerhard Bergmann kommentiert diese Einstellung der Jünger so: „Ehrgeiz! Damit begegnen wir der zweiten konkreten Sünde auf dem Leidensweg Jesu. Nicht nur die Macht, sondern auch der Ehrgeiz hat es mit der Angst zu tun. Es ist die Angst um die Geltung des eigenen Ich. Die Angst um Geltung wurzelt in dem Bewusstsein der eigenen Unzulänglichkeit, im Gefühl innerer Unsicherheit. Der Ehrgeiz verlangt nach Bestätigung. Was empfiehlt Jesus gegen die Giftpflanze des Ehrgeizes? Den festen Willen zum Dienst. Dieser Dienst ist nicht nur äußerlich, sondern besonders als Dienst-Gesinnung zu verstehen."[15] Jesus stellt unsere menschlichen Vorstellungen von Ehrgeiz, Größe und

Macht völlig auf den Kopf: „Der Höchste unter euch muss wie der Niedrigste sein und der Führende wie der Untergebene. Wer ist denn der Höchste: wer am Tisch sitzt oder wer bedient? Natürlich der am Tisch! Aber ich bin unter euch wie der Diener" (Luk. 22,26 + 27). Viele Christen versuchen, dem menschlichen Ehrgeiz etwas Positives abzugewinnen. Sie können es sich nicht vorstellen, dass menschliches Leben ohne Ehrgeiz möglich sei. Ehrgeiz, Ichsucht, Selbstherrlichkeit und Streitlust sitzen uns Menschen seit dem Paradies so tief in allen Poren, dass wir den Ehrgeiz mit seinen vielen Gesichtern rechtfertigen. In unserer Leistungs- und Konkurrenzgesellschaft können wir nicht auf ihn verzichten. Mit Händen und Füßen halten wir an ihm fest und versuchen, ihm ein christliches Mäntelchen umzuhängen. Erst die Auswüchse des Ehrgeizes in seinen sündhaften Spielarten zeigen uns, wie zerstörerisch im eigenen und im Gemeindeleben sich diese Denk- und Verhaltensmuster auswirken.

Kapitel 5

Workaholism oder Arbeitssucht

Seit den 70er-Jahren gibt es eine neue Sucht, die nicht stoff-
gebunden auftritt und neben Spielsucht weltweit eine große
Bedeutung gewonnen hat: die Arbeitssucht. Arbeitssucht
wird in der Regel verkannt und ist gesellschaftlich hoch angesehen, weil Menschen, die erfolgreich arbeiten und tüchtig sind und sich stark fordern und fordern lassen, den Mitmenschen Bewunderung abverlangen.
Besonders in Leistungsgesellschaften ist Arbeitssucht weit
verbreitet. Die Zahl der Alkohol- und Drogensüchtigen ist
bekannt, dagegen gibt es bis heute keine genauen Zahlen
über die Verteilung der Arbeitssucht. Die erste wissenschaft-
liche Arbeit über dieses Phänomen wurde von der Wirt-
schaftspsychologin Marilyn Machlowitz 1976 erstellt. Der
amerikanische Begriff Workaholism (Arbeitsalkoholismus)
hat sich in Deutschland nicht durchgesetzt, obschon die
amerikanische Wortzusammensetzung in der Literatur häufig zu lesen ist. Arbeitssüchtigen und Alkoholikern ist ge-
mein, dass sie entweder von der Droge Arbeit oder von der
Droge Alkohol abhängig sind. Die Weltgesundheitsorganisa-
tion (WHO) versteht unter Sucht eine psychische und physische Abhängigkeit von einer Substanz mit dem Ziel, Selbst-
verwandlung, Lustgefühl und Entlastung von Unlustgefüh-
len herbeizuführen.
Arbeit wirkt wie eine Droge. Die Betroffenen sind Manager,
Unternehmer und leitende Angestellte in säkularen und
kirchlichen Unternehmen. Sie arbeiten

– länger,
– härter,
– lustvoller und
– süchtiger als ihre Mitmenschen.

Viele genießen ihre Arbeit und zeigen ohne Arbeit merkwürdige Entzugserscheinungen.

Arbeitssüchtige arbeiten häufig in Gebieten, die ihnen Freude machen, wo sie Anerkennung und Bestätigung finden und wo sie relativ frei schalten und walten können. Besonders große und kleine Unternehmer arbeiten statistisch 54,4 Stunden pro Woche. Wenn sie nicht eine ausgesprochene Arbeitsfreude mitgebracht hätten, würden sie wahrscheinlich auf eine solche „Selbstausbeutung", wie alternative Kreise diese Arbeitseinstellungen charakterisiert haben, verzichten.

Arbeit ist eine Droge

Ungezählte Menschen werden von der Arbeit ausgefüllt und aufgefressen. Sie können arbeiten, aber nicht genießen oder ihre Freizeit sinnvoll gestalten. So schrieb der Psychiater Viktor E. Frankl: „Die Arbeit ist nicht etwa dazu da, dass wir der Langeweile entgehen, sondern die Langeweile ist dazu da, dass wir dem Nichtstun entgehen und dem Sinn unseres Lebens gerecht werden."

Wird die Arbeit aber zum vorrangigen Sinn des Lebens, verschieben sich alle Lebensgrundüberzeugungen:

Die Arbeit gibt den Ton an,
– bestimmt den Tagesablauf,
– bestimmt das Ehe- und Familienleben,
– bestimmt das Glaubens- und Gemeindeleben,
– wird zur Droge, die einem alles abnimmt.

Sie raubt uns das Privatleben, sie raubt uns Schlaf und Gesundheit, und sie raubt uns auch die Freiheit, unseren Alltag hilfreich und familienfreundlich zu gestalten. Die Droge Arbeit überfordert den Menschen, sie macht krank, belastet alle Organe und programmiert den Zusammenbruch – wenn nicht rechtzeitig die Notbremse gezogen und eine Gesinnungsänderung praktiziert wird.

Die Droge Arbeit verändert über das Gehirn und das zentrale Nervensystem die Hormonausschüttung. Ein Leben mit randvoller Arbeit bewirkt eine hohe Adrenalinausschüttung. Dopamine und Endophine sind euphorisierende Botenstoffe, die die Arbeit zum Genuss machen. Der gesamte Organismus mit seinen körpereigenen Rauschstoffen wird in einen euphorischen Zustand versetzt.

Arbeit ist eine Glücksdroge

Selbstverständlich gibt es Menschen, die vor der Arbeit fliehen, die sich gekonnt drücken. Sie sehen in der Arbeit ein notwendiges Übel, und darum gehen sie ihr weiträumig aus dem Weg.

Ganz anders die Arbeitssüchtigen. Arbeit ist ihr Ein und Alles. Sie lechzen nach Arbeit und Erfolg, wollen sich bestätigen und finden in ihr ein psychedelisches Stimulans. Arbeitssucht ist eine Besessenheit, die Droge Arbeit hat den Menschen fest im Griff.

Die Sucht nach Arbeit macht also nicht nur unglücklich, sondern auch glücklich. Arbeitsbesessene stürzen sich begeistert auf ihre Arbeit und powern zufrieden drauflos. Sie stöhnen über der Aufgabe, die sie sich aufbürden, gleichzeitig fühlen sie sich wie gedopt, wenn sie mit allen Fasern ihrer Existenz in der Arbeit schwelgen. Sie identifizieren sich mit dieser

Arbeitsform, fühlen sich nicht geknechtet und lieben sie über alles. Sie schuften eben nicht,

... um ihren Chef zufrieden zu stellen,

... um ein neues Auto abzubezahlen,

... um einen Pelzmantel für die geliebte Gattin zu erstehen,

... um eine Segeljacht ihr Eigen zu nennen.

Arbeitssüchtige sind keine Saisonarbeiter, die schubweise von Arbeitssucht heimgesucht werden oder sich unzufrieden Überstunden abquälen.

- Arbeitssüchtige arbeiten, weil es ihnen Spaß macht.
- Arbeitssüchtige arbeiten, weil sie dadurch ein Glücksgefühl in Herz und Hirn zaubern.
- Arbeitssüchtige arbeiten, weil Arbeit ihnen Genuss beschert.

Vier Typen von Arbeitssucht

Die Motivationen des Arbeitssüchtigen sind verschieden. Arbeitssüchtige haben vieles gemeinsam, und doch unterscheiden sie sich in ihren Rollen, die sie spielen. Es gibt kreative und begeisterte Arbeitssüchtige und Menschen, die in den Kredit fliehen, um sich vor bestimmten unangenehmen Lebensaufgaben zu drücken. Vielleicht laufen sie der Ungerechtigkeit der Welt davon, finden das Dasein unerträglich und sehen in der Arbeit einen Lebenssinn, oder sie arbeiten, weil sie alle menschlichen Beziehungen frustrierend finden und Arbeit und Beruf zu ihrer Geliebten machen. Marilyn Machlowitz unterscheidet vier Typen von Arbeitssucht.[1]

Der eingleisige Arbeitssüchtige

Er hat keine anderen Interessen als die Arbeit. Von daher wirkt er langweilig und humorlos. Verbissen stürzt er sich auf sein Tun und hat alle Beziehungen auf ein Minimum eingeschränkt.

Der vielseitige Arbeitssüchtige
Selbstverständlich bedeutet auch ihm die Arbeit alles. Doch er pflegt noch andere Interessen, kann sie aber mit seiner Arbeit verbinden. Er pflegt Beziehungen, die in erster Linie die Arbeit mit sich bringt. Seine Freunde und Gesprächsthemen haben mit seiner Arbeit zu tun.

Der Hansdampf in allen Gassen
Er verzettelt sich und hat ständig mehrere Eisen im Feuer. Dabei wird er todunglücklich, wenn er nicht in mehreren Töpfen gleichzeitig rühren kann. Sein Motto: Überall dabei. Keine Feier ohne Meier.

Der passionierte Arbeitssüchtige
Seine Arbeitssucht hat alle Lebensbereiche erfasst. Freundschaften, Familie und Hobbys werden von seiner Arbeitssucht beschlagnahmt. Hobbys dienen nicht dem Spiel und dem Vergnügen, sondern sind fest in sein Arbeitssuchtdenken integriert, sie werden ernsthaft und arbeitsmäßig gestaltet.

Wie wird man arbeitssüchtig?

Woran liegt es, dass Menschen die Arbeit vergötzen? Was sind die Motive, dass Menschen jedes gesunde Maß für Arbeit verlieren und in der Arbeit sozusagen Heil und Segen zu finden glauben? Den Grund und das Motiv gibt es wahrscheinlich nicht. Bis heute steht die Forschung am Anfang, die Biographien dieser Menschen zu entschlüsseln, und doch gibt es gemeinsame Merkmale, die in den Lebensgeschichten von Arbeitssüchtigen gehäuft auftauchen.

Es gibt Süchte, die gesellschaftlich im Allgemeinen diskriminiert werden. Dazu gehören Alkohol-, Tabletten-, Haschisch- und Heroinsucht. Hinzu kommen Süchte, die selten als solche definiert werden.

Zu ihnen gehören Fernsehen, Essen, Kaffeetrinken und Spielen. Wie sehr Kaffee ein Suchtmittel ist, charakterisiert eine Ratsuchende, wenn sie sagt: „Wenn ich keinen Kaffee mehr trinken darf, will ich nicht mehr leben." Spielsucht wird inzwischen zu den echten Süchten hinzugerechnet. Arbeitssucht dagegen ist in den Augen vieler Menschen ein Ehrentitel. Chronische Vielarbeiter werden gleichzeitig bedauert und bewundert. Sie genießen im Allgemeinen ein hohes Ansehen. Was aber sind die Motive für maßloses und pausenloses Wühlen?

Motiv 1:
Arbeit als Nebenkriegsschauplatz
Der Begriff Nebenkriegsschauplatz stammt von Alfred Adler. Zur Krankheitslegitimation, um sich vor anderen Lebensaufgaben zu drücken, eröffnet der Mensch einen „Nebenkriegsschauplatz", der allerdings mit hohen Kriegskosten verbunden ist. Arbeitssucht wird zur Flucht vor der Ehe, vor der Familie, kurz, vor Beziehungen aller Art. Der Neurotiker hält Distanz zu mitmenschlichen Forderungen, ja er nimmt sogar eine gegnerische Haltung ein. Jede Neurose ist daher gegen eine Person oder gegen Lebensaufgaben gerichtet. Arbeitssucht wird hier zum Nebenkriegsschauplatz und zur Selbstverteidigung. Der Gegner wird nicht direkt bekämpft, sondern links liegen gelassen. Arbeit ist wägbar, messbar und berechenbar, alle Beziehungen dagegen sind für Arbeitssüchtige unsicher, unberechenbar und nicht kalkulierbar.

Motiv 2:
Identifikation mit einem Elternteil

In der Ursprungsfamilie von Arbeitssüchtigen finden wir immer einen Elternteil, der arbeitswütig sein Leben gestaltet. Wird dieser Elternteil geliebt oder abgelehnt? Identifikation ist in diesem Fall ein Abwehrmechanismus. Das heißt, der Mensch, der sich mit Vater, Mutter, Großvater oder Großmutter identifiziert, wehrt Lieblosigkeit, Vernachlässigung und Diskriminierung ab. Die Identifikation mit dem arbeitssüchtigen Vater beschert dem Betreffenden Anerkennung, Liebe und Bestätigung. Die Prinzipien und Grundüberzeugungen der Arbeitssüchtigen werden imitiert und eintrainiert. Das arbeitsame und strebsame Kind bekommt auf diese Weise viel Zuwendung und Belohnung. Eine übergroße Arbeitsleistung und die Arbeitssucht der späteren Erwachsenen können also auch als der unverstandene Versuch gedeutet werden, es den Eltern oder einem Elternteil immer noch recht zu machen.

Motiv 3:
Furcht vor Langeweile und Leere

Die Logotherapie Viktor E. Frankls geht davon aus, dass rund 20 % der Bevölkerung in unserer westlichen Industriegesellschaft an „existenzieller Frustration" leiden, also an einer missmutigen und unzufriedenen Grundstimmung, die auf Langeweile, Leere und Sinnlosigkeitsgefühle zurückgeht. Der Arbeitssüchtige, der verbissen und besessen arbeitet, will seine Langeweile und Leere betäuben.

Frankl kommentiert es so: „Und jetzt verstehen wir: Das Tempo dient dem Menschen von heute dazu, die Frustration, das Unbefriedigtsein, die Unerfülltheit seines Willens zum Sinn zu betäuben. ... Je weniger er es weiß, je weniger er um so etwas wie einen Sinn des Daseins und ein Ziel seines Weges weiß – umso mehr beschleunigt er das Tempo, in dem er diesen Weg durchhält."[2]

Motiv 4:
Der Zwang, alles unter Kontrolle zu bringen

Unter den Arbeitssüchtigen gibt es viele Zwangsmenschen, früher sprach man von Zwangsneurotikern. Sie hassen nichts mehr als Chaos, Unordnung und Kontrollverlust. Alle Energie setzen sie ein, um Ordnung und Struktur in alle Lebensbereiche zu bringen. Sie legen Listen über noch zu erledigende Aufgaben an. Alles ist geregelt, eingeteilt, geordnet und in Listen übersichtlich eingetragen. Ihr zwanghaftes Kontrollverhalten wird durch jedes unvorhergesehene Ereignis erschüttert. Die Angst vor Neuem und Unangenehmem und der Zwang, tausend Befürchtungen aus dem Weg zu gehen, machen sie seelisch und körperlich kaputt.

Motiv 5:
Der Mensch will ernst genommen werden

Aus der Seelsorge- und Beratungsarbeit kann ich bestätigen, dass viele Menschen starke Probleme damit haben, wenn sie nicht ernst genommen werden:
– Kinder und Erwachsene leiden, wenn sie übergangen werden.
– Kinder und Erwachsene leiden, wenn andere nicht zuhören.
– Kinder und Erwachsene leiden, wenn ihre Bedürfnisse und Wünsche missachtet werden.

Fleiß, Arbeit und Leistung werden schnell zu beliebten Denk- und Verhaltensmustern, um von den Eltern, Erziehern und Mitmenschen ernst genommen zu werden.

Motiv 6:
Arbeitswut soll Mängel ausgleichen
Viele Arbeitssüchtige haben tief sitzende Minderwertigkeitsgefühle. Sie leiden an Selbstwertstörungen, die sie sich ein-
geredet haben. Nicht wenige haben das Gefühl, sie müssen
intellektuelle Mängel, Unterlegenheitsgefühle und Unsicherheit durch viel Arbeit und Fleiß ausgleichen.

Arbeitswut ist eine Überkompensation. Das Wort „über"
macht deutlich, dass die Kompensation, der Ausgleich, nicht
genügt, sondern ein Überausgleichsstreben den Arbeitswüti-
gen antreibt. Die sichtbare Arbeitsleistung wird zum sichtbaren Beweis, Mängel in der eigenen Person auszugleichen.

Motiv 7:
Schuldgefühle, unnütz zu sein
Viele Eltern und Erzieher verstehen es meisterhaft, anderen
Schuldgefühle einzuimpfen. Schuldgefühle werden gemacht,
sie sind nicht angeboren. Wer mit starken Schuldgefühlen
reagiert, hat Menschen als Gegenüber erlebt, die ihnen
Schuldgefühle eingehämmert haben. Selbstverständlich gehören zu Schuldgefühlen zwei Parteien. Die eine, die sie aus-
spricht, und die andere, die sie aufgreift und sich davon beeindrucken lässt. Wer mit Schuldgefühlen reagiert, will gefallen und will es allen recht machen.

Wie können solche Interaktionsspiele aussehen, die Schuldgefühle hervorbringen?

- „Deine Faulheit ist für mich eine harte Strafe!"
- „Wer sich im Leben nicht beweist, führt ein unnützes Leben!"
- „Wer nicht arbeitet, soll auch nicht essen. Das steht
  schließlich in der Bibel!"

Das Ziel der Erzieher, die mit Schuldgefühlen arbeiten, besteht darin, den Betreffenden zu reizen, sein Verhalten zu

ändern. Er soll strebsamer, fleißiger, moralischer und hilfsbereiter werden. Arbeitssucht wird zur Überkompensation, mit Schuldgefühlen fertig zu werden.

Kommt dieser Mensch zum Glauben, überträgt er gern seine Arbeitssucht auf Gott, der als verlängerter Arm seiner Eltern gesehen wird und der dann auch in jeder vertrödelten Minute eine Sünde erblickt. Der Lebensstil dieser Christen lautet: „Ich bin nur geliebt und ein nützliches Glied der Familie Gottes, wenn ich mich mit allen mir zur Verfügung stehenden Energien für ihn und seine Gemeinde einsetze."

Motiv 8:
Sich abhängig fühlen von der Meinung anderer Menschen
Der Begründer der Rational-Emotiven-Therapie, Albert Ellis, hat eine Reihe von irrigen Lebensgrundüberzeugungen aufgelistet.

Eine davon lautet: „Wer allen Menschen gefallen will, sitzt zwischen allen Stühlen." Wer um die Gunst aller buhlt, wer alle zufrieden stellen will, muss sich arbeitsmäßig umbringen. Er muss im Sechseck springen und lässt immer noch Unzufriedene zurück.

Arbeitssüchtige bringen sich in krankmachenden Di-Stress, wenn sie alle Erwartungen, die an sie gestellt werden, erfüllen wollen. Sie arbeiten daher in der Regel nicht für sich, sondern ihre Leistung soll für andere sichtbar werden.

Motiv 9:
Nur die Effektivität zählt
Arbeitssüchtige sind Pragmatiker, sie schätzen das, was bei einer Arbeit herauskommt. Handeln ist deshalb wichtiger als den Gedanken freien Lauf lassen. So können auch Arbeitssüchtige nicht spielen und keine nutzlosen Tätigkeiten vollbringen. Sie wollen um jeden Preis effektiv sein.

„Unproduktive Arbeit" ist ein Lieblingsausdruck eines Arbeitssüchtigen. Romane, auch wenn sie noch so spannend sind, und Science-Fiction-Geschichten lässt der Arbeitssüchtige liegen. Er liest Sach- und Fachbücher, die weiterhelfen und weiterbringen. Arbeit muss immer etwas erbringen, denn er muss etwas vorzuweisen haben. Hat er nichts mehr vorzuweisen, fühlt er sich überflüssig, nutzlos und auf ein Abstellgleis abgeschoben.

Zehn Thesen zur Arbeitssucht

These 1:
Arbeitssucht ist eine Sucht
Der Arbeitssüchtige jagt nach Macht, Status und Geld.
Arbeit ist ähnlich unentbehrlich wie dem Morphinsüchtigen sein gewohntes Gift.

These 2:
Arbeitssüchtige genießen das höchste Prestige aller Süchtigen
Arbeitssucht ist eine gesellschaftlich und geistlich geachtete und unterstützte Sucht.
Arbeitssüchtige täuschen sich und die Umgebung, denn sie geben sich zufrieden und erfolgreich.

These 3:
Der Arbeitssüchtige gibt vielfach den Eltern die Schuld
Der Arbeitssüchtige identifiziert sich mit einem oder beiden Elternteilen, die besonders tüchtig sind.
Eltern haben häufig das Arbeitsverhalten ermutigt und verstärkt.
Elterliche Zuwendung wird durch Leistung erkauft.

These 4:
Der Arbeitssüchtige geht Problemen aus dem Weg
Arbeitssucht gibt dem Arbeitssüchtigen das Alibi, sich vor privaten und persönlichen Problemen in Ehe, Familie und Gemeinde zu drücken.
Der Arbeitssüchtige nimmt Probleme des Partners, die sich auf Haus, Garten, Kinder, Schule und Geld beziehen, nicht ernst. Er überlässt sie dem Partner.

These 5:
Stress und Angst sind die Hauptquelle der Motivation
Die Angst zu versagen hält die Arbeitssüchtigen in Trab.
Anerkennung und Bestätigung sind wichtiger als materieller Gewinn.
Stress wird als Eu-Stress und als Stimulans verstanden. Negativer Stress führt sofort zur Überforderung.

These 6:
Der Arbeitssüchtige braucht Druck, dann ist er zufrieden
Arbeitssüchtige langweilen sich ohne Arbeit und Stress zu Tode.
Arbeitssüchtige suchen fortwährend neue Herausforderungen und Anregungen.

These 7:
Arbeitssüchtige weisen typische Eigenschaften von Einzelgängern auf
Der Arbeitssüchtige ist eingleisig auf Arbeit eingestellt. Er pflegt keine Freundschaften und Beziehungen.
Arbeitssüchtige sind Pragmatiker. Nur die Effektivität zählt.

These 8:
Der Arbeitssüchtige fürchtet die Freizeit
Arbeitssüchtige sind zwanghaft aktiv. Sie können nicht passiv sein.
Hobbys und Freizeit werden von Arbeitssüchtigen sorgfältig strukturiert und wie Arbeitsvorgänge geregelt.
Der Urlaub ist Aktivurlaub. Er gönnt sich keine Muße und keine Ferien. Jede Minute muss effektiv genutzt werden, sogar für die Gesundheit.

These 9:
Arbeitssüchtige sind nicht unglücklich, auch nicht privat
Arbeitssüchtige sind zufrieden, wenn Ehe und Familie intakt sind, die Arbeit Freude macht und sie gesund sind.
Solange der Arbeitssüchtige diesen Rahmen ausfüllt, kann er glücklich sein.
Der Arbeitssüchtige erwartet, dass ihn die Familie voll unterstützt.

These 10:
Arbeit macht krank. Worin besteht die Krankheit?
Es entstehen häufig Erschöpfungsgefühle, depressive Verstimmungen oder depressive Attacken (1. Stadium).
Das psychosomatische Stadium. Es treten Depressionen auf, Hypertonie und Herzinfarkte, chronische Ulcuserkrankungen und außerdem vermehrtes Essen, vermehrtes Rauchen und vermehrter Alkoholgenuss.
Am Schluss steht das Ausbrennen, der Burnout.

So lautete eine provozierende Überschrift in „Hör zu"[3], und beschrieben werden einige Power-Frauen im Fernsehen.

Da war Ilona Christen, die täglich Talk-Shows moderiert. Sie sagt: „Seit ich täglich auf Sendung bin, kann ich nachts nicht mehr ruhig schlafen." Sie erlitt einen Kreislaufzusammenbruch und musste an den Tropf. Danach rebellierte die Haut, rote Flecken und Pusteln überzogen den ganzen Körper bis hin zum Hals. Die Erklärung liegt auf der Hand: „Mir geht zu viel unter die Haut, und ich habe zu viel am Hals." Sie glaubt, keine Alternative zu haben. Wer aussteigt, ist weg vom Fenster, und wer langsamer läuft, wird überholt.

Da war Ulla Kock am Brink, 32 Jahre jung. Sie hat großen Erfolg. Die Quoten steigen, aber der seelische Schutzschild zerbricht. Sie hat 6 kg abgenommen, die Nerven liegen bloß, und sie sehnt sich nach ein bisschen Geborgenheit. „Jeden, der mir ein gutes Wort gibt, könnte ich mit einem Tränenstrom übergießen." Durch Stress spielt die Schilddrüse verrückt, ihre Überfunktion ruft Überreaktionen hervor.

Doch Kranksein wird als Todsünde im Showgeschäft verstanden. Nur wer topfit, strahlend und vital vor der Kamera steht, kann bestehen.

- Was zählt, sind die Einschaltquoten.
- Was zählt, ist der Applaus.
- Was zählt, ist der Erfolg.

Wie sagte Karl-Otto Pöhl, der ehemalige Präsident der Deutschen Bundespost? „Als Deutscher unter Deutschen muss man überarbeitet wirken, um ernst genommen zu werden."[4]

Sieg und Niederlage gehören zusammen

In einer Sportzeitschrift las ich einen zu beherzigenden Satz: „Als der Läufer zusammenbrach, stand der Trainer ratlos da. Sie hatten alles trainiert, nur nicht die Niederlage", formulierte Curt Bartsch.

Je steiler das Siegestreppchen, das der Mensch in irgendeiner Sportart erreichen will, desto tiefer und frustrierender die Enttäuschungen, die der Betreffende verkraften muss. Wer ein hoch gestecktes Ziel erreichen will, muss immer wieder mit Niederlagen, mit Zweit- und Drittplätzen rechnen. Je hochgeschraubter die Erwartungen, die das Siegestreppchen, die Karriereleiter, den Notendurchschnitt, das Glück in der Ehe und die Perspektiven am Arbeitsplatz angehen, desto deprimierender und enttäuschender die Niederlage, wenn diese Höchstziele verfehlt werden. Hohe Erwartungen und tiefe Enttäuschungen korrespondieren miteinander, als folgten sie einem Naturgesetz.

Im Hintergrund steht ein Alles-oder-Nichts-Denken, und dieses Denken ist äußerst problematisch und neurotisch. Der amerikanische Psychiater Shulman spricht sogar von einem Schizophrenie-Symptom, wenn er schreibt: „Der Schizophrene geht also von der Fiktion aus, als ob er nur dann einen Platz in dieser Welt einnehmen könnte, wenn es ihm gelungen sei, die so ersehnte Position der Überlegenheit einnehmen zu können. Sein Ziel ist deshalb ausgesprochen starr, und der Patient lebt ganz unter dem Einfluss eines Alles-oder-Nichts-Prinzips, das nach einer absoluten Erfüllung des gesteckten Zieles verlangt. Danach sieht der Schizophrene keine Alternative.

‚Jede tatsächliche oder befürchtete Niederlage, die mich bei der Verfolgung meines Ziels trifft bzw. treffen könnte, stellt eine ganz große Bedrohung dar . . .' (Alfred Adler)

Hieraus leitet sich auch die Vorstellung ab, dass der Schizophrene abnormal sensitiv gegenüber Niederlagen und Kränkungen sei, wohingegen der Normale in der Lage sei, gewisse Enttäuschungen ertragen zu können ... Wir gehen davon aus, welch eine überragende Bedeutung sie dem Erfolg im Leben zusprechen. Im Leben darf es keine Niederlagen geben, weil sonst das ganze Gerüst zum Einsturz verurteilt ist."[5]

Was macht uns dieses Zitat deutlich?

- Alles-oder-Nichts-Vorstellungen sind krankhaft.
- Entweder-oder-Haltungen sind selbstzerstörerisch. Der Betroffene muss sich ständig bedroht fühlen.
- Solche hoch gesteckten falschen Ziele enden im Zusammenbruch, wenn die Ziele verfehlt werden.
- Normale Menschen können mit Zielverfehlungen und Enttäuschungen umgehen, ohne seelisch und körperlich am Ende zu sein.

Wer Ziele anstrebt, muss nicht neurotisch und fehlerorientiert leben. Entscheidend ist, dass die Mobilisierung seiner Energien ihn nicht maßlos überfordert.

Wer Niederlagen einstecken kann, ohne zu resignieren, wer alles gibt, aber realistisch auf Verluste reagiert, und wer verlieren kann, ohne zusammenzubrechen, der geht nicht selbstzerstörerisch mit seinem Leben um.

Auch Christen leben auf ein Ziel hin. Sie kämpfen und trainieren und bleiben aktiv, aber sie betreiben keinen Raubbau am eigenen Körper. Sie müssen sich nicht überfordern, denn das Ziel wird in Gottes Geist und seiner Kraft realisiert. Der Philipperbrief bringt Gottes Tat und unsere Anstrengungen auf den Punkt, wenn er formuliert: „Arbeitet an euch selbst in der Furcht vor Gott, damit ihr gerettet werdet. Ihr könnt es, denn Gott gibt euch nicht nur den guten Willen, sondern er selbst arbeitet an euch, damit seine Gnade bei euch ihr Ziel erreicht" (Phil. 2,12b-13).

Arbeitssucht und Partnerschaft

Der Arbeitssüchtige ist so mit seiner Arbeit verheiratet, dass Ehe und Familie darunter leiden. Er betrügt die Ehepartnerin nicht mit einer Nebenbuhlerin, sondern mit seinem Job. Sein Arbeitsfanatismus ist grenzenlos. Viele Partnerinnen von Workaholics haben resigniert, wenn er abends Firmenunterlagen mit nach Hause bringt und noch stundenlang hinter dem Schreibtisch brütet. Seine Arbeitssucht hat ihn so einseitig werden lassen,
... dass er die Probleme der Kinder nur noch flüchtig registriert.
... dass er kein ernstes Buch mehr lesen kann.
... dass er der Partnerin Haus, Verwaltung, Garten und den Einkauf überlässt.
... dass der Urlaub, den die Ehefrau für alle plant, kommentarlos zur Kenntnis genommen wird.
... dass Einladungen von guten Freunden und Bekannten mehr und mehr ausbleiben.
... dass die Liebe zwischen den Eheleuten auf den Nullpunkt absinkt.
Der Arbeitssüchtige wird wie ein Hotelgast erlebt, der zu Hause einen störungsfreien Service erwartet. Viele Frauen sind nicht in der Lage, einen solchen Partner ein Leben lang zu ertragen. Deutlich wird, dass der Arbeitssüchtige einen hohen psychischen und emotionalen Preis für seine ehrgeizigen Ziele und seine enormen Anstrengungen zahlt:
Er kann nicht abschalten, seine Freizeit nicht genießen und ist beim Essen und im Gespräch ständig mit seinen Gedan-

ken woanders. Solche Erfolgsmenschen haben immer Pläne und arbeiten mit letzter Energie.

Und der Erfolg?

– Die Liebe bleibt auf der Strecke,
– die Partnerschaft leidet an Nähe und Wärme,
– die Beziehung ist eine Zweckgemeinschaft,
– der Egoismus des Arbeitssüchtigen ist grenzenlos,
– die Gefahr des Scheiterns solcher Ehen ist groß.

Arbeitssucht und Di-Stress

„Arbeit macht Spaß."
„Arbeitssucht ist ein anstrengendes Vergnügen."

Das ist der eine Aspekt. Arbeitssucht kann auch eine sehr belastende Seite aufweisen. Wann gerät die Belastung zum Di-Stress?

1. Wenn der Betroffene sich ungerecht behandelt fühlt
Arbeitssucht ist häufig eine Anerkennungssucht. Bleibt die Anerkennung trotz intensiver Abwechslung aus, gerät der Mensch in tiefe Unzufriedenheit. Eu-Stress (froh machender Stress) wird zum Di-Stress (zum zerstörerischen Stress). Arbeitseinsatz und Belohnung stehen in keinem Verhältnis mehr zueinander. Die Bestätigung bleibt weit hinter der investierten Arbeitsleistung zurück. Die Krankheitsrisiken steigen, weil die emotionalen Enttäuschungen den gesamten Organismus unter Druck setzen. An der schwächsten Stelle bricht dann die Krankheit aus.

2. Wenn der Betroffene durch Umweltstress zusätzlich belastet wird

Umweltstressoren sind

... Druck der Betriebsleitung,

... Lärm am Arbeitsplatz,

... Gifte, die im Arbeitsprozess anfallen,

... Konflikte mit Vorgesetzten und Mitarbeitern,

... Eifersucht und Neid von Mitarbeitern und Vorgesetzten,

... drohende Arbeitslosigkeit.

Wenn Lob, Anerkennung und Bestätigung klein geschrieben werden und solche umweltbedingten Belastungen, die kaum oder schwer abzubauen sind, das Leben beeinträchtigen, wird der Di-Stress zum Gesundheitsrisiko.

3. Wenn der Betroffene die Kontrolle über die Arbeit verliert

Wer die Arbeit nicht mehr im Griff hat, wer von der Arbeit überwältigt und erdrückt wird, geht dem Di-Stress mit seinen Folgen in die Falle. Menschen, denen die Arbeit über den Kopf wächst, büßen ihren Nachtschlaf ein. Sie können nicht mehr abschalten, die Nervosität steigert sich, und die innere Unruhe macht abgespannt und unkonzentriert.

Di-Stress setzt den Körper in unnötige Alarmbereitschaft. Die Hormonausschüttung aktiviert den Organismus und ruft langfristig Störungen und Krankheiten hervor.

Arbeitssüchtig?

Ein Selbsterforschungsfragebogen

	Stimmt nicht	Stimmt etwas	Stimmt ganz
Ich bin froh darüber, dass ich meinen Beruf als Hobby verstehe.			
Mir fällt es schwer, Urlaub zu machen. Im Urlaub will ich aufgeschobene Arbeiten erledigen oder intensive Hobbys pflegen.			
Mein Beruf ist meine eigentliche Erfüllung.			
Wenn ich nichts zu tun habe, bin ich unzufrieden. Urlaube und verlängerte Wochenenden rufen in mir leicht Unzufriedenheit hervor.			
Ich höre von Familienangehörigen: „Du bist mit deinem Beruf verheiratet."			
Ich kann für mich in Anspruch nehmen, dass ich trotz großer Belastung meine Arbeit genieße und manchmal darin schwelge.			
Ich stelle fest, dass meine zwischenmenschlichen Beziehungen (Ehe, Familie, Freunde und Gemeinde) stark vernachlässigt werden.			
Ich verspüre in meiner Arbeit ein starkes Streben nach Vollkommenheit, Macht, Status und Anerkennung.			

Als Christ bin ich hauptsächlich für den Herrn unterwegs. Nicht selten opfere ich dafür freie Tage, Sonntage und Erholungspausen.			
Wenn ich wach und fit bin, arbeite ich und nutze die Zeit, die mir geschenkt ist.			
Bei den Mahlzeiten kann ich schlecht abschalten. In Gedanken bin ich oft mit Arbeiten und Plänen beschäftigt.			
Ohne Leistungen habe ich das Gefühl, ein Versager zu sein. Mir fehlt die Anerkennung.			
Im Arbeitsprozess habe ich Schwierigkeiten mit Mitarbeitern und Kollegen. Ich delegiere ungern und schaffe lieber alles allein.			
Mein Lebensziel ist es, immer gewinnen zu wollen, und ich zahle unter Umständen einen hohen Preis dafür.			
Ich möchte alles gern unter Kontrolle haben. Es fällt mir schwer, mich zurückzunehmen.			
Im Urlaub mache ich gern Bildungsreisen und nehme an Fortbildungskursen teil.			
Im Alltag habe ich oft Erschöpfungsgefühle, depressive Verstimmungen, Kreislaufstörungen und reagiere mit psychosomatischen Schwierigkeiten.			

In der letzten Zeit habe ich Bluthochdruck festgestellt, reagiere mit Magenstörungen und Geschwürbildungen.			
Ich habe festgestellt, dass ich in erster Linie meinen Lebensrhythmus und meine Zeiteinteilung von der Arbeit her bestimmen lasse.			
Mein Lebensgefühl ist, dass ich am liebsten mehrere Dinge gleichzeitig machen möchte.			

Hinweise für den Selbsterforschungsfragebogen „Arbeitssüchtig?"

1. Versuchen Sie, ehrlich und aufrichtig vor Gott und vor sich selbst die Fragen zu beantworten!

2. Wenn Sie mehr als fünf Fragen mit „stimmt ganz" oder mehr als sieben mit „stimmt etwas" und „stimmt ganz" angekreuzt haben, sind Sie vermutlich ein Arbeitssüchtiger, der sich ernsthaft mit einem spezialisierten Seelsorger über sein Leben, seine Arbeit und seinen christlichen Glauben unterhalten sollte.

3. Es ist sehr hilfreich, wenn völlig unabhängig von Ihren Antworten ein Familienangehöriger oder der Lebenspartner den Bogen für Sie ausfüllt. Arbeitssüchtige und Alkoholiker sind oft erstaunt, wie viel ernster und bedrohlicher Angehörige die Situation einschätzen.

4. Sie sind als potenzieller Arbeitssüchtiger doppelt gefährdet, weil die gesellschaftliche Wertschätzung von Arbeitsleistung und Erfolg Ihnen voll in die Hände spielt.

5. Auch die christliche Verkündigung und Seelsorge, die Arbeit, Ehrgeiz, tätige Liebe, Nachfolge und Heiligung in

der Regel hoch veranschlagt, geht häufig zu nachsichtig und oberflächlich mit Arbeitssuchtsymptomen um.

Die zwölf Schritte der anonymen Arbeitssüchtigen[6]

1. Wir gaben zu, dass wir unserem zwanghaften Arbeiten gegenüber machtlos sind und unser Leben nicht mehr meistern können.
2. Wir kamen zu dem Glauben, dass eine Macht, größer als wir selbst, uns unsere geistige Gesundheit wiedergeben kann.
3. Wir fassten den Entschluss, unseren Willen und unser Leben der Sorge Gottes – wie wir ihn verstanden – anzuvertrauen.
4. Wir machten eine gründliche und furchtlose Inventur in unserem Inneren.
5. Wir gaben Gott, uns selbst und einem anderen Menschen gegenüber unverhüllt unsere Fehler zu.
6. Wir waren völlig bereit, all diese Charakterfehler von Gott beseitigen zu lassen.
7. Demütig baten wir ihn, unsere Mängel von uns zu nehmen.
8. Wir machten eine Liste aller Personen, denen wir Schaden zugefügt hatten, und wurden willig, ihn bei allen wieder gutzumachen.
9. Wir machten bei diesen Menschen alles wieder gut – wo immer es möglich war –, es sei denn, wir hätten dadurch sie oder andere verletzt.
10. Wir setzten die Inventur bei uns fort, und wenn wir Unrecht hatten, gaben wir es sofort zu.
11. Wir suchten durch Gebet und Besinnung die Verbindung zu Gott zu vertiefen. Wir baten ihn, uns seinen Willen

erkennbar werden zu lassen und die Kraft zu geben, ihn auszuführen.

12. Nachdem wir durch diese Schritte ein seelisches Erwachen erlebt hatten, versuchten wir, diese Botschaft an Arbeitssüchtige weiterzugeben und unser tägliches Leben nach diesen Grundsätzen einzurichten.

Zum Verständnis der zwölf Schritte

In Anlehnung an die „Anonymen Alkoholiker" wurden die zwölf Schritte für Arbeitssüchtige entwickelt. Die zwölf Schritte beinhalten ein geistliches Programm. Die Arbeitssüchtigen vertrauen der Kraft Gottes, der ihnen Einsicht, Führung und Veränderung schenkt.

„Let go and let god" = „Lass los und überlass alles Gott" ist ein Leitspruch der „anonymen Arbeitssüchtigen".

Die meisten Arbeitssüchtigen brauchen einen Begleiter, einen Seelsorger, einen Supervisor oder einen Coach, mit dem alle Schritte, alle Pläne und Termine besprochen werden.

Die Arbeitssüchtigen versuchen, die Leistungsfähigkeit und ihre Grenzen zu erkennen und in Freizeit und Ruhepausen sich nicht mit Arbeitsvorbereitungen zu beschäftigen.

Diese Volksweisheit spricht es unmissverständlich aus, dass feste Arbeit, Strebsamkeit und Tüchtigkeit den Segen Gottes zur Folge haben. Christen, die in einer Leistungsgesellschaft leben, werden pausenlos dazu verführt,
- Tüchtigkeit mit Segen,
- Erfolg und Besitz mit Frucht und
- Opferbereitschaft und Selbstüberforderung mit Gottes Wirken gleichzusetzen.

Arbeitssucht ist geistlich gesehen ein so genanntes „Faust-Syndrom". Faust wollte dem Teufel für 24 Jahre grenzenloser Macht- und Sinnenlust seine Seele verkaufen. Die Faust-Tragödie handelt von den falschen Versprechungen, die uns unsere Umwelt macht und für die wir arglos unser Leben verkaufen. Macht, Ruhm, Erfolg und Anerkennung sind die Ziele des Arbeitssüchtigen. Für diese Werte setzt er alle seine Energien ein. Bis zur völligen Selbstüberforderung arbeitet er wie ein Tier, um diese unerkannte Sucht zu befriedigen. Goethes Theologie, die er im Faust-Drama auf den Punkt bringt, lautet dann auch: „Wer immer strebend sich bemüht, den können wir erlösen."
Die Volksweisheit drückt es unkomplizierter aus: „Sich regen bringt Segen."
Kinder, die in eine Leistungsgesellschaft hineingeboren werden, erleben von klein auf, dass Leistung, Erfolg, Tüchtigkeit und Strebsamkeit wie Götter verehrt werden. Der Christ nimmt bereitwillig das Leistungsdenken auf und verwandelt es unter einem Deckmantel in Leistungsgerechtigkeit.
Luther, der selbst ein Arbeitssüchtiger war, widerspricht energisch der Werkgerechtigkeit und dem falschen Selbstgerechtigkeitsstreben.

Im dritten Kapitel des Römerbriefes fand Luther den Schlüssel für seine ewige Erlösung. „Für uns steht fest: Gott nimmt die Menschen an, obwohl sie die Forderungen des Gesetzes nicht erfüllt haben. Er nimmt jeden an, der sich auf das verlässt, was Er durch Christus getan hat" (Röm. 3,28).

Eine Geschichte zum Nachdenken

Es lebte einst ein sehr tätiger Mann, der es nicht übers Herz bringen konnte, eine Minute seines wichtigen Lebens ungenutzt vorübergehen zu lassen.

Wenn er in der Stadt war, so plante er, in welchen Badeort er reisen werde. War er im Badeort, so beschloss er einen Ausflug nach Marienruh, wo man die berühmte Aussicht hat. Saß er dann auf Marienruh, so nahm er den Fahrplan her, um nachzusehen, wie man am schnellsten wieder zurückfahren könne. Wenn er im Gasthof einen Braten aß, studierte er während des Essens die Karte, was er nachher nehmen könne. Und während er den Wein hastig hinuntergoss, dachte er, dass bei dieser Hitze ein Glas Bier wohl besser gewesen wäre.

So hatte er niemals etwas getan, sondern immer nur ein Nächstes vorbereitet. Und als er auf dem Sterbebett lag, wunderte er sich, wie leer und zwecklos dieses Leben gewesen sei.[7]

Stehen Sie unter Stress?
Sind Sie stressempfindlich?

Beantworten Sie alle Fragen, und geben Sie jeweils nur eine Antwort. „Ja" bekommt 2 Punkte, „Mitunter" 1 Punkt und „Nein" keinen Punkt.

		Ja	Mit-unter	Nein
1	Ärgern Sie sich leicht?			
2	Sind Sie übersensibel?			
3	Sind Sie in allem sehr genau?			
4	Sind Sie ehrgeizig?			
5	Sind Sie leicht ängstlich?			
6	Sind Sie unzufrieden mit Ihrer Situation?			
7	Werden Sie leicht ungeduldig?			
8	Können Sie sich schwer für etwas entscheiden?			
9	Sind Sie leicht aufgeregt?			
10	Sind Sie neidisch?			
11	Sind Sie eifersüchtig?			
12	Fühlen Sie sich unsicher in Gegenwart Ihres Chefs?			
13	Fühlen Sie sich unentbehrlich auf Ihrer Arbeitsstelle?			
14	Müssen Sie häufig unter Zeitdruck arbeiten?			

15	Leiden Sie an Minderwertigkeits-gefühlen?			
16	Misstrauen Sie Ihrer Umgebung?			
17	Können Sie sich über Kleinigkeiten freuen?			
18	Können Sie Ihre Sorgen nicht vergessen?			
19	Rauchen Sie täglich mehr als 5 Zigaretten? Rauchen Sie hin und wieder Pfeife oder Zigarre?			
20	Rauchen Sie mehr als 20 Zigaretten täglich? Rauchen Sie häufig Pfeife oder Zigarren?			
21	Rauchen Sie mehr als 30 Zigaretten täglich? Rauchen Sie ständig Pfeife oder Zigarren?			
22	Schlafen Sie schlecht?			
23	Fühlen Sie sich morgens wie gerädert?			
24	Sind Sie wetterempfindlich?			
25	Beträgt Ihr Puls in Ruhe über 80 pro Minute?			
26	Haben Sie Übergewicht?			
27	Sind Sie bewegungsfaul?			
28	Haben Sie öfter Herzschmerzen?			
29	Haben Sie dunkle Ringe unter den Augen?			
30	Sind Sie lärmempfindlich?			
31	Haben Sie leicht Kopfschmerzen?			

32	Haben Sie häufig Magen-beschwerden?			
33	Schwitzen Sie bei Aufregung leicht an den Handinnenflächen?			
34	Essen Sie viel tierisches Fett (Wurst, Eier, fettes Fleisch usw.)?			
35	Essen Sie oft Süßigkeiten?			
36	Fahren Sie mit Ihrem Auto zur Arbeit?			

Ergebnis:

1-6 Punkte: Sie sind wirklich stressstabil, man kann Ihnen nur gratulieren.

7-13 Punkte: Sie haben einige Schwächen, befinden sich jedoch noch im Bereich der Norm. Aber Sie sollten etwas gegen Ihre Schwächen tun.

14-20 Punkte: Der Stress beißt Sie, Sie müssen systematisch an sich arbeiten, um Ihre Stresstoleranz zu erhöhen.

21-30 Punkte: Sie sind stressempfindlich und sollten zusammen mit Ihrem Arzt überlegen, ob nicht eventuell mehr dahinter steckt. Auf jeden Fall müssen Sie sich ausreichend Bewegung verschaffen und um Gelassenheit bemühen.

31 Punkte und mehr: Sie laufen Gefahr, sich vorzeitig zu verschleißen. Eine Lebensumstellung tut Not. Regelmäßige ärztliche Kontrollen scheinen unumgänglich.

Ein Stressfaktor kommt selten allein

In meiner Praxis erscheint eines Tages ein Mann von 43 Jahren. Er lässt seine Schultern hängen und sich deprimiert auf einen Stuhl fallen. Herr B. ist seit 13 Jahren verheiratet und leidet seit mindestens drei Jahren unter „extremen Ehe-schwierigkeiten", wie er sagt. Seine Frau lehne ihn sexuell ab und flirte ständig mit anderen Männern, „um ihn zu ärgern". „Sie macht das nicht etwa heimlich, sie denkt gar nicht da-ran. In aller Öffentlichkeit. Ich könnte mir die Haare einzeln ausraufen!"

Ich: „Sie fühlen sich als Mann in Ihrer Ehre getroffen."

Er: „Als Mann zähle ich bei ihr gar nicht. Sie behandelt mich wie einen dummen Jungen."

Vor vier Monaten lag Herr B. drei Wochen im Krankenhaus. Akutes Herzversagen. Der Verdacht auf einen Herzinfarkt hatte sich nicht bestätigt. Der Chefarzt des Krankenhauses habe ihm geraten, sich in therapeutische Behandlung zu be-geben. Darum sei er hier. Herr B. könne nur nach 16 Uhr kommen, er sei Abteilungsleiter in einem Textilkonzern und müsse auf alle Eigenwilligkeiten verzichten. Die Firma hätte Schwierigkeiten und sein Stuhl wackele beständig, glaube er. Schauen wir uns nun einige Stressfaktoren genauer an:

Stressfaktor 1:
Eifersucht
Er könne die Rivalen, die seine Frau wie die Motten das Licht umschwirren, mit einem Handkantenschlag umlegen. Seine Aggressionen müsse er unwahrscheinlich im Zaume halten.

Eifersucht belastet das seelische Gleichgewicht. Das vegeta-tive Nervensystem reagiert verstört. Giftstoffe werden durch vermehrte Hormonausschüttung angesammelt.

Stressfaktor 2:
Bluthochdruck
Wer unter Stress steht und gespannt ist, bekommt vorüber-gehend hohen Blutdruck. Wirken aber viele Stressoren zu

lange auf einen Menschen ein, senkt er sich nicht mehr ausreichend und führt zu einer Frühsterblichkeit – nach der
Wahrscheinlichkeitsrechnung.

Stressfaktor 3:
Vermehrtes Rauchen
„Ich rauche wie ein Verrückter", sagt Herr B. schon in der
ersten Stunde. „Der Gedanke an meine Frau macht mich
nervös – ich muss mich abreagieren."
Rauchen ist ein Stressor ersten Ranges. Schon wer täglich
zehn Zigaretten raucht, verkürzt seine Lebensaussichten,
statistisch gesehen, um vier Jahre. Lindemann schreibt über
das Rauchen:
„1973 starben in der Bundesrepublik rund 23 000 Menschen
an Lungenkrebs. Mehr als 10 500 Menschen musste ein
‚Raucherbein' abgenommen werden, und von den 140 000
Menschen, die am Herzinfarkt starben, hat sich ein großer
Teil diesen frühen Tod durch zu starkes Rauchen selbst zuzuschreiben."

Stressfaktor 4:
Angst um den Arbeitsplatz
Herr B. ist Abteilungsleiter in einem Textilkonzern, der
heute sehr um seine Existenz kämpfen muss. Die Konkurrenz ist groß, bestimmte Waren werden von deutschen
Hausfrauen nicht mehr bevorzugt. Die Firmenleitung hat
im Rahmen ihres Rationalisierungsprogramms schon einigen Mitarbeitern gekündigt. Die Sicherheit der Arbeitsplätze
ist in Frage gestellt. Eine unerklärliche Angst sitzt ihm im
Nacken. Da er zum Grübeln, zum Nachdenken und Vordenken neigt, ist er ständig mit Schicksalsschlägen, die ihn treffen könnten, beschäftigt. Mit Angst verbundene Gedanken
regen im Gehirn wahrscheinlich bestimmte Neuronenfelder

des Hypothalamus an und von dort den Sympathikus, jenen wichtigen Nervenstrang des unbewussten Nervensystems.

Stressfaktor 5:
Unausstehlichkeit
Herr B. ist als Person nach innen gekehrt, wenig anderen Menschen zugewandt und von daher kontaktarm. Seine Frau ist ein extravertiertes, nach außen gekehrtes, überschäumendes Wesen, das auf der Stelle überall Kontakt hat. Die Seitensprünge der Frau verstärken sein Minderwertigkeitsgefühl, untergraben seine Bereitschaft zur Kontaktaufnahme und machen ihm den Umgang mit Kollegen und Mitarbeitern schwieriger. Immer öfter reagiert er „unbegreiflich". Seine Kollegen sind schockiert. Er wird gemieden, ja geschnitten. Herr B. kann nicht über seinen Schatten springen – glaubt er. Seine Unausstehlichkeit stresst ihn auffallend.

Stressfaktor 6:
Bewegungsarmut
Herr B. berichtet, dass er keine Lust verspürt, sich praktisch zu betätigen. Missmut, Pessimismus, Misserfolge und Enttäuschungen auf dem Sektor Liebe lassen alle motorischen Impulse erlahmen. Sportliche Betätigungen und aktive körperliche Bewegung hätten genügt, um einen Teil der Folgen des negativen Stresses im Körper abzubauen. Bewegungsarmut blockiert den Stressabbau und potenziert die körperlichen Belastungen.
Als der Stress durch Eheschwierigkeiten zunimmt, hat sich Herr B. eine Extravaganz erlaubt, ein Hobby, das ihm unvorhergesehen viel negativen Stress einbringt. Er hat sich einen teuren Sportwagen genehmigt. Wenn er seinen Fuß aufs Gaspedal drückt, ist er wer. Allerdings hat er übersehen, dass die

Körperreaktion mit erhöhter Adrenalinausschüttung, erhöhtem Blutdruck und erhöhter Herzfrequenz verbunden ist. Die Scheinbewegung verhindert nicht nur den Stressabbau, sondern sie fördert ihn erheblich. Die mobilisierten Fettsäuren werden nach und nach in Cholesterin umgewandelt und direkt in die Gefäßwände eingebaut. Eine Arteriosklerose wird beschleunigt. Weil er sich weder in Kraftausdrücken noch in Muskelbetätigung abreagieren kann, leitet er seine gestauten Energien aufs Gaspedal.

Stressfaktor 7:
Angst vor Neuem
Herr B. hat vor einem dreiviertel Jahr die Leitung einer völlig neuen Abteilung bekommen. Das Unglück wollte es, dass er in ein anderes Werk umziehen musste, neue Mitarbeiter vor die Nase gesetzt bekam und sich in ein neues Arbeitsgebiet von der Pike auf einzuarbeiten hatte. Herrn B. fiel die Umgewöhnung außerordentlich schwer. Im Gespräch ließ er erkennen, dass er zu den Menschen gehört, die man als zwanghafte Persönlichkeiten ansprechen kann. Die Sehnsucht nach Dauer ist tief in ihn eingegraben. Wiederholung der gleichen Eindrücke, der gleichen Bezugspersonen, der gleichen Arbeitsweise, der gleichen Handgriffe, der gleichen Umgebung sind für ihn wichtig – wenn nicht sogar lebensnotwendig. Neue Menschen, neuer Arbeitsstil, neue Umgebung, neue Spielregeln und neue Gesetze bereiten ein inneres Chaos vor.
Das Verlässliche, Gewohnte und Althergebrachte gerät ins Wanken. Für solche Menschen wackelt der Boden, sie werden in ihren Grundfesten erschüttert. Es steht außer Frage: Herr B. leidet an einer Neophobie, wenn ich seiner übersteigerten Angst vor Neuem einen Namen geben soll. Er hat

eine krankhafte Angst vor Neuem, die sich zusammen mit den anderen Störfaktoren verstärkt hat.

Was ich mit diesen sieben Stressfaktoren oder Stressoren beschrieben habe, ist negativer Stress oder Di-Stress, wie der Vater der Stressforschung, Hans Selye, gesagt hat. Allerdings reagiert jeder Mensch quantitativ verschieden auf Stressoren, auch Herr B. Jeder Reiz, ob körperlicher oder psychischer Art, wird verschieden stark empfunden. Maßgeblich sind die körperlichen und seelischen Grundbefindlichkeiten. Seelisches Gleichgewicht und körperliche Widerstandsfähigkeit sind Schutzfaktoren gegen Di-Stress. Herr B. befand sich augenscheinlich in einer schlechten Phase, sein seelisches Gleichgewicht war gestört, er wurde überempfindlich und vor allem nachtragend. Bei Herrn B. ist eine gründliche Lebensstiländerung notwendig, um die negativen Stressreize auf ein Minimum zu reduzieren.

Kapitel 6

Burnout und die Folgen

Das Burnout-Syndrom, das Ausgebranntsein an Leib, Seele und Geist, kann jeden erwischen, den Manager sowohl wie die Putzfrau, den Pastor wie die Gemeindeschwester. Die emotional-körperliche und geistliche Überleistung reißt den arbeitsstärksten und erfolgreichsten Menschen zu Boden. Arbeitssucht ist kein Problem einer bestimmten Klasse, eines bestimmten Berufes oder einer bestimmten Lebenssituation. Übermäßiger, negativer Streß kann Menschen in allen Positionen befallen und sie aus der übergroßen Arbeitsfreude in die existenzielle Depression befördern.

Burnout spiegelt eine innere Ermüdung wider. Der Betroffene zieht sich zurück. Er hat alles Interesse an der Arbeit verloren, die ihn vorher beansprucht hat. Burnoutgefährdete haben den Eindruck, ausgebeutet zu sein und Intrigen zum Opfer zu fallen. Die Stimmung ist ständig schwankend – himmelhoch jauchzend, zu Tode betrübt.

Wie sehen die Symptome aus, die den Burnout begleiten?

- Das bisherige Engagement ist verschwunden. Desinteresse hat sich breit gemacht.
- Termine werden abgesagt oder verschoben. Menschen, die vorher alle Aufmerksamkeit beanspruchten, werden fallen gelassen.
- Anhaltende Resignation und Niedergeschlagenheit.
- Depressivität, eine gereizte Stimmung.
- Beruhigungsmittel oder Drogen werden bejaht und geschluckt.

- Die Betroffenen reagieren erschöpft und zeigen Arbeitsunlust.
- Das Immunystem ist geschwächt. Infektionskrankheiten treten häufiger auf.
- Die Betroffenen reagieren mit psychosomatischen Störungen.
- Alle Organe können beansprucht und geschädigt werden.
- Eine ständige Unruhe und Gereiztheit, keine Zeit zur Entspannung. Der Dauerstress belastet den Organismus.
- Eine Apathie hat sich ausgeweitet, und eine völlige Desillusionierung gewinnt immer mehr Raum. Je höher die Illusionen und Erwartungen waren, desto tiefer die Enttäuschung und Verbitterung.

Depression und Burnout

Burnoutgefährdete Menschen spiegeln in der Regel starke depressive Verstimmungen und Pessimismus wider. Sie denken und fühlen negativ. In der Tiefe ihrer Seele beurteilen sie *alles* schlechter, als es in Wirklichkeit ist. Dieser negativen Selbstbeurteilung stehen höchste Erwartungen gegenüber. Auch hier schimmert das Alles-oder-nichts-Prinzip hindurch. Sie wollen *alles* und stehen plötzlich vor dem *Nichts*. Der Depressive führt immer häufiger negative Selbstgespräche, und sein Denken verwandelt sich in Depression.
Auch Erfolg kann Depressionen hervorrufen. Für viele Menschen ist das unverständlich. Eine große Arbeit ist fertiggestellt, ein Haus ist gebaut, ein Diplom ist nach harter Arbeit endlich erreicht worden, und jetzt fällt der erfolgreiche Mensch in Depressionen. Er ist also in zweifacher Hinsicht fertig. Seine Kräfte sind erschöpft, deshalb sprechen wir von Erschöpfungsdepressionen.

Da der übergroße Ehrgeiz und die Überkompensation, die diese Menschen *ständig* zu leisten haben, übernormale Energien erfordern, geraten sie immer wieder in Depressionen. Der Erfolg ist nur vorübergehend, und das Glücksgefühl hält nicht vor. Aus höchster Höhe fällt dieser Mensch in die Tiefe und kommt von da an nicht zur Ruhe. Große Erfolge sind ihm nicht die letztendliche Erfüllung, denn die schwebt ständig in den Wolken. Daher muss er unaufhörlich nach den Sternen greifen. Burnoutgefährdete sind wie Salzwassertrinker. Je mehr sie trinken, desto durstiger werden sie.

In dem Wort Burnout stecken zwei Begriffe, die typisch für den Gefährdeten sind.
Der erste Teil beinhaltet Brennen, Hitze, Feuer.
Diese Menschen sind „Feuer und Flamme".
Sie brennen für eine Sache.
Sie brennen an allen Enden.
Sie brennen für den Herrn Jesus.
Es ist keine Frage, daß dieser Feuerbrand etwas Positives spiegelt. Wenn es Christen sind, handeln sie feurig und nicht „lauwarm".

Der zweite Teil des Wortes beinhaltet *Es ist aus.* Das Feuer ist verloschen. Aus dem Feuerbrand ist Asche geworden. Vorher hat der Mensch *alles* eingesetzt, alle Kräfte wurden investiert. Jetzt ist *nichts* mehr vorhanden.

Vor Jahren besuchten meine Frau und ich ein Seminar in Holland. Ein amerikanischer Psychiater kennzeichnete dort die Persönlichkeitsstruktur des Depressiven, und er benutzte ein Wortspiel, das ich seitdem nie mehr vergessen habe. Er sprach von „Nobility – no ability".

Diese beiden Begriffe kennzeichnen treffend das Lebensgefühl und die überhöhten Vorstellungen des Depressiven und Burnoutgefährdeten.

Was strebt er an? Nobility, das Nobelste, das Optimale, das Höchste und Beste. Und was kommt heraus? Er reagiert mit no ability = Unfähigkeit, Versagen und Ausbrennen.

Je höher die Erwartungen, desto tiefer die Enttäuschungen, wenn die Meßlatte der Nobility nicht erreicht wird. Ich habe in über 20jähriger Beratungs- und Seelsorgepraxis noch keinen Depressiven gefunden, der nicht sehr ehrgeizig war. Diese unrealistischen Erwartungen an das Leben, an die Menschen oder an die Arbeit lassen das Gefühl der Niedergeschlagenheit, der inneren Müdigkeit und des Ausgebranntseins entstehen.

Welche Persönlichkeitseigenarten fördern das Ausbrennen?

Der amerikanische Unternehmensberater und Begründer eines erfolgreichen Management-Training-Systems, Myron Rush, der selbst den Burnout durchlitten hat, beschreibt 15 Persönlichkeitsmerkmale bei erfolgreichen Menschen, die häufig zum Ausbrennen beitragen:

1. Willensstärke und Entschlossenheit
2. Entscheidungsfreude
3. Neigung zur Autarkie
4. Selbstvertrauen
5. Perfektionismus
6. Fähigkeit, systematisch zu arbeiten
7. Nichtakzeptanz von Reglementierungen
8. Optimismus und Begeisterungsfähigkeit
9. Zielorientiertheit
10. Unabhängigkeit und Einzelgängertum

11. Risikofreude
12. Freude am Wettbewerb
13. Freude am Aufstieg und an der Anerkennung
14. Beherrschung der Situation
15. Nichtakzeptanz des Versagens bei sich und anderen[1]

Fragen zur Selbstprüfung
- Wie viele Persönlichkeitsmerkmale sind es, die Sie angesprochen haben? Geben Sie die entsprechenden Zahlen an!
- Wie erklären Sie sich eine Burnoutgefährdung, wo doch die meisten Eigenschaften gesellschaftlich und geistlich hoch im Kurs stehen?
- Was macht die verschiedenen Persönlichkeitsmerkmale fragwürdig? Wo sind die Kriterien für eine positive bzw. negative Bewertung?
- Gibt es Persönlichkeitsmerkmale, die auf Sie zutreffen, die aber biblischen Grundaussagen zuwiderlaufen? Welche sind es?
- Welche Eigenschaften machen Ihrem persönlichen Glaubensleben zu schaffen?
- Welche Eigenschaften blockieren Partnerschafts-, Freundschafts- und Gemeindekontakte?
- Glauben Sie, wenn Sie mehr als die Hälfte der Eigenschaften angekreuzt haben, daß Sie Ihren Lebensstil korrigieren müssen?
- Wenn Sie mehr als gute Absichten realisieren wollen, was konkret wollen Sie in Angriff nehmen?
- Was konkret wollen Sie mit ins Gebet nehmen?

Motiv 1:
Sie werden mit Enttäuschungen nicht mehr fertig
Solange sie erfolgreich sind, meistern sie Fehlschläge und Enttäuschungen.
Nehmen Pleiten, Enttäuschungen und Rückschläge überhand, treten Depressionen und Resignationen auf.

Motiv 2:
Sie brechen unter fehlbewältigter Selbständigkeit zusammen
Burnoutgefährdete sind Alleinarbeiter. Sie können schlecht delegieren.
Ist das Autonomiestreben gefährdet, kann der Zusammenbruch kommen.

Motiv 3:
Sie opfern sich für andere auf und brennen aus
Die Opferbereitschaft wird häufig zur „Selbstausbeutung".
Die Opferbereitschaft wird in erster Linie geistlich gedeutet.

Motiv 4:
Sie kennen ihre eigenen Grenzen nicht
Sie wollen die Sterne vom Himmel holen, um inneren Ehrgeiz zu befriedigen.
Sie überfordern sich und ihren Organismus.

Motiv 5:
Sie lassen sich von anderen überbeanspruchen
Sie können nicht nein sagen und wollen nicht anecken.
Sie übernehmen Aufgaben, um bei anderen Menschen und Christen gut dazustehen.

Motiv 6:
Sie machen aus Mücken Elefanten
Sie verstehen es, Kleinigkeiten zu dramatischen Situationen hoch zu stilisieren. Indem sie sich über Unwesentliches entrüsten, investieren sie an falschen Stellen zu viel Energie.

Motiv 7:
Sie haben unrealistische Erwartungen
Sie erwarten das Höchste, Beste und Optimale und brechen zusammen, wenn ihre Erwartungen unerfüllt bleiben.
Sie tragen zu hohe moralische oder perfektionistische Forderungen an sich und andere heran.

Motiv 8:
Sie spiegeln Alles-oder-nichts-Vorstellungen wider
Alles-oder-nichts-Vorstellungen sind unrealistisch und krankhaft.
Diese Lebensgrundeinstellungen beinhalten Misserfolg, Verzweiflung und Selbstaufgabe.

Motiv 9:
Sie belasten sich zu sehr mit den Problemen anderer Menschen
Mitfühlen und Mitleiden sind gute christliche Tugenden, aber sie dürfen nicht die eigenen Seelenkräfte aufzehren.
Besonders depressiv veranlagte Menschen reagieren mit großem Verantwortungsgefühl für andere.

Motiv 10:
Sie stempeln andere zu Sündenböcken
Die Umstände und die anderen werden schuldig gesprochen, wenn Enttäuschungen eintreten.

Es fällt ihnen schwer, die Schuld bei sich und ihren hoch gesteckten Zielen zu suchen.

Motiv 11:
Sie haben falsche Vorstellungen von Gottes Prioritäten
Liebe, Heiligung und Nachfolge werden als fromme Leistung praktiziert, obschon sie im Kopf wissen, dass diese Glaubensüberzeugungen falsch sind.
Anerkennung und Bestätigung, die sie suchen, werden weitgehend geleugnet. Sie glauben, für den Herrn ununterbrochen im Dienst stehen zu müssen.

Selbsterforschungsfragebogen „Burnoutgefährdet"

1. Füllen Sie den Bogen für sich selbst ehrlich und ohne Schönfärberei aus.
2. Wenn Sie mehr als 5 Fragen mit „Stimmt ganz" beantwortet haben, ist die Möglichkeit, ein „Burnout-Aspirant" zu sein, groß.
3. Wenn Sie Ihre Vorstellungs- und Verhaltensmuster ehrlich überprüfen wollen, lassen Sie den Fragebogen vom Ehepartner oder einem guten Freund (Freundin) ausfüllen.
4. Unterhalten Sie sich mit einem bewussten Christen (Seelsorger) über Ihre Antworten, und überprüfen Sie Ihre geistlichen Ziele.
5. Wenn Sie hohe Stresswerte im Selbsterforschungsfragebogen aufweisen, was wollen Sie konkret in Angriff und ins Gebet nehmen? Welche falsche Lebens- und Glaubensvorstellung wollen Sie ändern?

„Burnoutgefährdet"

Ein Selbsterforschungsfragebogen

	Stimmt nicht	Stimmt etwas	Stimmt ganz
Ich habe oft das Gefühl, getrieben zu sein.			
Es fällt mir schwer, Maß zu halten.			
Wenn ich arbeiten kann, habe ich in der Regel ein ausgesprochenes Hochgefühl.			
Durch die Arbeit kommen meine zwischenmenschlichen Beziehungen zu kurz.			
Ich bin ungeduldig und reagiere häufig wie gebremster Schaum.			
Ich reagiere ab und zu mit * Herz- und Kreislaufbeschwerden			
* mit Bluthochdruck			
* mit Rückenschmerzen			
* mit Magenbeschwerden.			
Psychosomatische Beschwerden versuche ich durch vermehrte Arbeit zu überspielen.			
In zeitlichen Abständen werde ich von depressiven Stimmungen eingeholt.			
Ich bin gezwungen, arbeitsfreie Zeiten einzuplanen.			
Ich reagiere mit Schlafstörungen.			

Wenn ich esse, bin ich häufig mit Arbeitsplänen, Planungen und neuen Ideen beschäftigt.			
Gute Freunde sagen, ich hätte unrealistische Erwartungen.			
Die Probleme anderer Menschen beschäftigen mich außergewöhnlich.			
Ich neige dazu, Kleinigkeiten über-zubewerten oder aus „Mücken Elefanten zu machen".			

Midlife-crisis und Burnout

Beide Krankheitsbilder zeigen ähnliche Symptome und ste-hen in engem Zusammenhang. Vor etwa 20 Jahren trat zum ersten Mal das Schlagwort „Midlife-crisis" auf. Im Alter zwi-schen 40 und 50 geraten immer mehr Frauen und Männer in eine Lebenskrise. Der Höhepunkt des Lebens ist erreicht, und sie beginnen Bilanz zu ziehen. Bei Frauen tritt die Mid-life-crisis oft schon in den Jahren über dreißig in Erschei-nung. Die Krise ist begleitet von Einsamkeit, Frustration, Angst, Depression, Verwirrung, Müdigkeit und Beklem-mung. Eine solche Krise ist auch eine Identitätskrise, die in diesem Alter nicht durch hormonelle Veränderungen aus-gelöst wird, sondern durch familiäre Umstellungen und Ver-pflichtungen. Denn besonders die Frau bringt Opfer, weil sie die ganzen Plackereien mit Mann und Kind hat, und gerät so in schwere Lebenszweifel. Viele möchten sich verkriechen, alles hinwerfen, Mann und Kinder verlassen, verschwinden oder auch sterben. Weder Freundschaften noch Hobbys ma-chen noch Freude. Der Inhalt des Lebens ist mehr als dürftig, denn ein wirklicher Sinn ist nicht mehr erkennbar. Ein Gefühl des Unbehagens und Ungenügens hat sich eingenistet. Es nagt die Angst an ihr, womöglich auf dem falschen Weg zu sein und das Eigentliche zu verpassen. Der eingespielte Tagesablauf wird als Zwang erlebt, der sie von Wichtigerem ausschließt.

Die über 30-jährigen haben das Gefühl, nicht mehr im Besitz des Bonus „Jugend" zu sein. Die Leichtfüßigkeit scheint vorbei. Sie sind für Trauer, Bedauern und Angst anfällig geworden.

Die Wechseljahre der Frau, die später eintreten, sind in erster Linie mit einem hormonellen Ungleichgewicht verbunden. Doch auch der Mann gerät in seine Wechseljahre. Beide Symptome sind mit dem Burnout-Syndrom eng verknüpft. Die Betroffenen erleben eine Revolution und ein totales Durcheinander. Der Mensch fühlt sich in allem in Frage gestellt.

Dieses Midlife-crisis-Syndrom ist keine Erkenntnis der heutigen Zeit. Schon der Mystiker Johannes Tauler, der um 1300 bis 1361 lebte, hat über die Krise der Lebensmitte nachgedacht und beschrieb sechs Schritte, diese existenzielle Bedrohung geistlich zu bewältigen. Er hat deutlich gemacht, wie die Menschen verschiedene Fluchtwege benutzen, um der Krise zu entkommen. Der erste Fluchtweg ist die Angst, in sich hineinzuschauen, um die Niedergeschlagenheit und Verwirrung gründlich zu analysieren. Ein weiterer Fluchtweg bei Christen ist die Flucht in religiöse Übungen. Durch selbst auferlegte Übungen und Regeln, durch Fasten und Gebote soll die Beziehung zu Christus krampfhaft verbessert werden. Diese religiösen Übungen sind gut gemeint, haben aber keine gute Wirkung. Tauler erkennt in ihnen eine Abwehrhaltung, den wirklichen Motiven in der Tiefe der Seele nachzugehen.

Die Krise der Lebensmitte konfrontiert uns mit Selbsterkenntnis. Wer flüchtet, betreibt Symptomkosmetik. Er lässt alles beim Alten und erfährt keine Neuorientierung.

Die Lebensmitte ist eine Zeit der Rückschau und Neubesinnung, eine Zeit der Reife, des Wachsens und der Konfrontation mit unseren Lebensgrundüberzeugungen.

- Wer *glaubt*, er könne nicht mehr mithalten,
- wer *glaubt*, es habe alles keinen Sinn mehr,
- wer *glaubt*, er könne dem Leben keine positive Wende geben,
- wer *glaubt*, er schaffe die Arbeit und seine hoch gesteckten Lebensziele nicht mehr, der wird von der inneren Müdigkeit und dem Ausgebranntsein eingeholt und heimgesucht.

Auf den folgenden Seiten finden Sie die Probleme, die Männer und Frauen während der Midlife-crisis empfinden, aufgelistet. Es handelt sich um allgemeine Beobachtungen, die für den Einzelnen nicht stimmen müssen. Es soll aber der Zusammenhang zwischen Burnout und der Midlife-crisis deutlich werden.

Die Frau um 45 und ihre Probleme

- Sie kommt zwischen 40 und 50 in eine schwere Krise, wenn die Kinder aus dem Haus gehen.
- Sie kommt in das Alter, wo das Klimakterium seinen Tribut zollt.
- Sie wird zu größerer Freiheit stimuliert und entdeckt ihre Rechte auf Selbstverwirklichung.
- Sie sucht neue Aufgaben, weil sie an Inhaltsleere leidet.
- Sie fühlt sich in einen häuslichen Käfig eingesperrt, von Mann und Kindern ausgenutzt.

- Sie findet immer weniger in der Familie ihren Sinn.
- Wenn sie der unteren Sozialschicht angehört, erlebt sie, dass sie stärkere psychische Probleme hat.
- Sie gehört zu den Frauen, die zwischen 40 und 50 Beruhigungsmittel nehmen.
- Sie gerät in Torschlusspanik und zeigt manische Gemütszustände. Sie flippt aus und spielt verrückt.
- Sie will Erfüllung ihres Lebens und reagiert kopflos und unkontrolliert.
- Sie gerät in Depressionen, die als Leerlaufdepressionen und Enttäuschungsdepressionen gekennzeichnet sind.
- Sie wird von Selbstmordgedanken heimgesucht. 50 % der Frauen, die ihn vollziehen, praktizieren ihn im Alter zwischen 40 und 60 Jahren.

Der Mann um 45 und seine Probleme

- Er erlebt eine Verringerung seiner Lebensmöglichkeiten.
- Er flieht oft in einen Festrausch und Liebesabenteuer.
- Er sucht Freiheit und Jugend, und deshalb stürzt er sich in Romanzen und Affären.
- Er hat Angst vor dem Ende seines Erfolges.
- Er wendet sich neuen sportlichen Aktivitäten zu, um sich zu beweisen.
- Er will noch etwas vom Leben haben, was auch immer das heißen soll.
- Er achtet mehr auf seine Kleidung, verjüngt seine Frisur und wählt neue Hobbys.
- Er verfällt in Arbeitssucht und steigert sich in einen Leistungsexzess hinein.
- Er reagiert mit Nervenzusammenbrüchen, Herzinfarkten und Bankrotterklärungen.

- Er betreibt selbstzerstörerische Handlungen, steigert den Alkoholgenuss und produziert Autounfälle.
- Er gehört zu dem Hauptanteil der Selbstmörder, die sich in der Gruppe der 40- bis 60-jährigen finden.

Herzinfarkt und Burnout

Überbeanspruchung und Selbstausbeutung sind die Schrittmacher für den Burnout und für den Herzinfarkt. Welche Motive treiben diese Menschen um und schließlich in den Zusammenbruch?

Motiv 1:
Ständiges Besorgtsein über die Arbeit
Der Betroffene erlebt einen ununterbrochenen „eigenartigen Druck", der Herz und Kreislauf belastet. Er ist Tag und Nacht mit seiner Arbeit, die er gut und optimal machen will, beschäftigt. Dadurch kommt er innerlich und äußerlich nicht zur Ruhe. Es fällt ihm schwer abzuschalten, deshalb kann sich der Herzmuskel nicht entspannen.

Motiv 2:
Hast und Ehrgeiz
Das ständige Besorgtsein fördert Hetze und Nervosität. Der Ehrgeiz, die Arbeit sauber und fehlerlos zu verrichten, verbindet sich mit dem Getriebensein, nichts zu übersehen, alles im Griff zu haben und möglichst viel in kurzer Zeit erreichen zu wollen. Gewissenhaftigkeit und Zuverlässigkeit, gepaart mit Ehrgeiz, sind Di-Stress.

Motiv 3:
Der Erfolg als Gradmesser
Bislang machte man in der Forschung vorwiegend einen zu hohen Cholesterinspiegel, hohen Blutdruck, Übergewicht und Zuckerkrankheit für den Herzinfarkt verantwortlich. Viele Forscher erkennen zunehmend, dass diese genannten Verursacher allein nicht ausreichen, um den Herzinfarkt zu erklären.

Man versucht dann, das Persönlichkeitsprofil herzinfarktgefährdeter Menschen herauszuarbeiten. Man definierte den Typ A, der ehrgeizig, leistungsorientiert und aggressiv nach wertvollen und idealen Zielen strebt. Das sind Menschen, die ständig unter Volldampf stehen, die Zeitdruck erleben und nicht abschalten können. Sie kennzeichnet ein überhöhtes Streben nach Anerkennung und Bestätigung. Qualitative und quantitative Erfolgserlebnisse sind ihr Maßstab für Annahme und Bedeutung.

Motiv 4:
Ermüdung und Erschöpfung werden unterdrückt
Ehrgeizige und arbeitssüchtige Menschen, die zu den Burnout- und Herzinfarktgefährdeten zählen, verleugnen in der Regel alle Folgen der Mehrbelastung und spielen die Befürchtungen ihrer Umgebung stark herunter. Alarmzeichen, die der Organismus anmeldet, werden überhört und übersehen.

Der Arbeitssüchtige will ja nicht hypochondrisch und wehleidig erscheinen. Körperliche Ermüdung wird mit Kaffee beseitigt. Erschöpfungsattacken werden verschwiegen und bagatellisiert.

Motiv 5:

Tüchtigkeit und Kompetenz dürfen nicht in Frage gestellt werden

Ehrgeizige Arbeitsmenschen können Schmerzen ertragen und kleine Wehwehchen kommentarlos wegstecken. Nur ans Tageslicht kommende Fehler treffen sie mitten ins Herz. Rechenfehler, Planungsfehler und Arbeitsfehler stellen ihre Kompetenz in Frage. Ihre angestrebte Fehlerlosigkeit macht sie verwundbar.

Motiv 6:

Eine Selbstüberforderung verhindert die Entspannung

Arbeit und Ruhe, Spannung und Entspannung sollten im Gleichgewicht sein. Gesunden Menschen gelingt es, Aktivität und Inaktivität in Harmonie zu bringen. Ehrgeizige und arbeitssüchtige Naturen überfordern sich. Erfolge, Bestätigung und Anerkennung sind ihnen wichtiger als Ruhe und Erholung. Ihre Minderwertigkeitsgefühle müssen überkompensiert werden. Es gelingt ihnen nicht, sich fallen zu lassen und zu regenerieren. Die Überforderung führt deshalb zu einer psychovegetativen Gleichgewichtsstörung.

Wenn einige dieser Motive zusammentreffen, kann eine innere Ermüdung eintreten, die Überanstrengung führt zur Mutlosigkeit, zur Resignation und Interesselosigkeit. Misserfolge und Fehler durchlöchern das aufgebauschte Selbstvertrauen. Der Burnout ist die Folge, oder das Herz spielt nicht mehr mit, und der Herzinfarkt beendet die Überbeanspruchung.

Es gibt Lebensgrundüberzeugungen, die zerstörerisch, lebens- und beziehungsfeindlich sind. Wie lauten solche Lebensstile in Kurzfassung?

- „Sekt oder Selters!"
- „Du bist nichts, dein Volk ist alles!"
- „Willst du nicht mein Bruder sein, so schlag ich dir den Schädel ein!"
- „Entweder ich bekomme eine Eins, oder ich tue überhaupt nichts mehr!"
- „Wollt ihr Butter oder Kanonen?"
- „Seid ganz Sein, oder lasst es ganz sein!"
- „Ehre oder Tod!"
- „Überleben oder Tod!"
- „Sieg oder Niederlage!"
- „Ordnung oder Chaos!"
- „Rot oder Tod!"
- „Ich setze alles auf eine Karte: Millionär oder Bankrotteur!"
- „Du änderst dich total, oder ich lasse mich scheiden!"
- „Himmelhoch jauchzend – zu Tode betrübt!"
- „Ganz oder gar nicht!"
- „Schwarz oder weiß!"

| Fragen zur Selbstprüfung

- Was ist an diesen Lebensstilaussagen falsch?
- Wie kommen solche Lebensstile zustande?
- Was ist eigentlich geistlich dazu zu sagen?
- Worin besteht das Zerstörerische?
- Worin besteht das Beziehungsfeindliche?

- Wie fühlen und erleben Sie sich, wenn Sie entsprechende Züge bei sich entdecken?
- Was wollen Sie tun, wenn Sie unter den Grundüberzeugungen leiden?

Was ist der Mensch?

Arbeitstüchtigkeit, Intelligenz, Leistung und Brauchbarkeit – sind das die eigentlichen Maßstäbe? Was ist mit den Kranken, den geistig und körperlich Behinderten? Was gibt ihrem Leben Sinn? Wie sinnvoll und erfüllt ist das Leben von Spastikern, Gelähmten, Blinden und anderen vielschichtig Benachteiligten?

Eine Leistungsgesellschaft, die in erster Linie Gesundheit, also körperliche und geistige Leistungsfähigkeit, honoriert, stellt gewollt oder ungewollt den Wert der Kranken und Behinderten in Frage. Für uns Christen eine unerträgliche Vorstellung.

Der Theologe Ulrich Bach, selbst schwer behindert und an den Rollstuhl gefesselt, schreibt zu diesem Thema: „Was ist der Mensch? Wer bin ich? Bin ich der Schmied meines Glücks? Bin ich der, der sich selbst das verdankt, was er heute ist? Bin ich der, der es durch Können, Fleiß, Energie und Beharrlichkeit zu etwas gebracht hat? Bin ich der, der im allgemeinen ohne Hilfe auskommt; sogar der, der aus der Fülle seines Habens noch an andere abgeben kann? Oder sollte es ganz anders sein? Unsere alte Bibel wenigstens gibt haargenau an dieser Stelle ein entschiedenes Kontra, ein befreiendes und therapeutisches Kontra. Sie sagt mir, ich sei nicht darum ein wertvoller Mensch, weil ich das und das kann, dieses und jenes geleistet habe. Nein, ich bin ein wertvoller Mensch, weil Gott mich so will, weil er mich so geschaffen hat, weil er sich etwas dabei gedacht hat, als er ausgerechnet mir diese bestimmten Lebensbedingungen zugewiesen, zugetraut und zugemutet hat. Wer den Sinn seines Lebens in seiner Selbständigkeit und der eigenen Leistung sieht, der landet bei Angst und Verachtung."[2]

Wer anders denkt und handelt, betreibt im Sinne von Ulrich Bach eine gottlose Philosophie. Als Gesunde und Kranke, als Tüchtige und Hilflose sind wir seine Kinder. Wir sind in Gottes Augen gleichwertige Menschen.

Kapitel 7

Mose – eine biblische Antiburnout-Geschichte

Wir haben den Eindruck, der Burnout ist ein Problem der letzten Jahrzehnte. Stress, Hektik, seelische Überforderung und Erschöpfung lassen Menschen ausbrennen. Sie sind leer und am Ende ihrer Kraft. Häufig ist es so, dass aus brennenden Christen und engagierten Mitarbeitern innerhalb kürzester Zeit antriebslose, entnervte, desinteressierte und ausgebrannte Menschen werden.

Der Burnout trifft in erster Linie Menschen, die idealistisch und überverantwortlich ihre Arbeit verstehen. Sie bringen sich ein, geben ihr Bestes, und wenn dann Enttäuschungen eintreten, sind sie mit ihrem Latein am Ende. Die Erschöpfung führt zu geistiger und emotionaler Leere. Die Allzeitbereit-Einstellung ist eine Selbstüberforderung und endet in Ohnmachtsgefühlen.

Ein Beispiel eines Überlastungssyndroms schildert uns das Alte Testament:

Wer war Mose?

Mose war ein genialer Führer und hat das Volk Israel in einem Handstreich aus Ägypten geführt. Aus der Sklaverei in die Freiheit. Von den Fleischtöpfen Ägyptens weg in die trostlose Wüste.

- Er war Hirte wie Abel, mit Schafen vertraut. Ein ausgesprochen gelehriger Sohn am Hofe des Pharao.

- Er war ein Führer wie Abraham.
- Er war ein Lehrer der Nation.
- Er war Priester aus Levis Geschlecht.

Mose war am Hofe des Pharao, des Königs von Ägypten, aufgewachsen. Plötzlich musste er fliehen, er hatte einen Sklavenaufseher umgebracht. Auf der anderen Seite des Roten Meeres, im Exil, hatte Mose dann Frau und Kinder, Herden und Zelte, und da erging jener Ruf Gottes an ihn, der ihm sagte: „Geh nach Ägypten zurück und führe mein Volk heraus."

Mose war keine unsterbliche Traumfigur wie James Bond, der nicht totzukriegen ist. Er ist nicht der perfekte Held, der aus jeder fatalen Lage mit raffinierten Schachzügen herauskommt. Mose ist ein großer Mann, und doch kennt er menschliche Schwächen, kann verzweifeln und am Boden zerstört sein.

Mose, der Israel aus Ägypten geführt hat

Mose hört die Leute klagen. Überall standen sie in Gruppen vor ihren Zelten. Er war verärgert, denn er wusste, dass sie damit den Zorn des Herrn erregten. Er sagte zum Herrn: „Warum tust du mir, deinem Diener, dies alles an? Womit habe ich es verdient, dass du mir eine so undankbare Aufgabe übertragen hast? Dieses Volk liegt auf mir wie eine drückende Last. Schließlich bin ich doch nicht seine Mutter, die es geboren hat! Wie kannst du von mir verlangen, dass ich es auf den Schoß nehme wie die Amme den Säugling und es auf meinen Armen in das Land trage, das du ihren Vätern zugesagt hast? Fleisch wollen sie; sie liegen mir in den Ohren mit ihrem Geschrei. Woher soll ich Fleisch nehmen für ein so großes Volk? Ich allein kann dieses Volk nicht tragen, die Last ist mir zu schwer. Wenn du sie mir nicht erleichtern willst,

dann hab wenigstens Erbarmen mit mir und töte mich, damit ich nicht länger die Qual ausstehen muss."
Der Herr antwortete dem Mose: „Versammle siebzig angesehene Männer aus dem Kreis der Ältesten Israels, die sich als Aufseher bewährt haben, und hole sie zum heiligen Zelt. Dort sollen sie sich neben dir aufstellen. Ich werde herabkommen und mit dir sprechen und werde von dem Geist, den ich dir gegeben habe, einen Teil nehmen und ihnen geben. Dann können sie die Verantwortung für das Volk teilen, und du brauchst die Last nicht allein zu tragen." (4. Mose 11,10-17)

Zum Text einige Denkanstöße:

Denkanstoß Nr. 1:
Mose hat sich überfordert
Der Weg ins gelobte Land ist weit und mit unendlichen Strapazen verbunden. Hunger und Durst begleiten die Wüstenwanderer. Und die Israeliten werden immer unzufriedener. Sie meutern, erst wenig, dann nimmt die Rebellion erschreckende Formen an. Die Israeliten machen Mose, ihren Befreier, für die skandalösen Versorgungsprobleme verantwortlich. Der starke Mose gerät in Panik. Seine seelischen Kraftreserven sind am Ende.

Der Theologe Michael Nüchtern kommentiert diese Lebenskrise des Mose so:
„Versucht man, die Figur des Mose in dieser Geschichte irgendwo in die Stufenfolge des Burnout-Prozesses einzuordnen, so wird man bei Mose schon ein sehr fortgeschrittenes Stadium erkennen. Heilsam für Mose freilich, dass er in einer Kultur lebt, wo Wut und zerstörerische Wünsche, sogar Todeswünsche, nicht etwas Verbotenes sind, sondern das auszusprechen erlebt ist."[1]

Burnout ist die emotionale Ermüdung und die Erschöpfung, die dann eintritt, wenn ein Vorhaben nicht den gewünschten Erfolg bringt. Mose hat sich auf den lebendigen Gott verlassen. Jetzt fühlt er sich im Stich gelassen.

Myron Rush, ein amerikanischer Manager, der selbst einen Burnout erlebte, schreibt dazu:

„Obwohl Ausbrennen eine unangenehme, schmerzliche Erfahrung ist, können seine Folgen ausgesprochen segensreich sein. Ausbrennen ist eine Notbremsung unserer Seele, denn anders kann sie einen ehrgeizigen, zielorientierten Erfolgsmenschen nicht mehr vor der physischen Selbstzerstörung zum Halten bringen. Das Ausbrennen bringt unsere Aktivitäten und die tägliche Routine so lange zum Stillstand, bis wir unser Leben neu überdacht, neue sinnvolle Ziele und Prioritäten gesetzt und unser Gleichgewicht wieder gefunden haben, damit aus uns wieder produktive Menschen werden können."[2]

Denkanstoß Nr. 2:
Mose klagt Gott an
Es ist tröstlich zu erleben, dass große Gottesmänner es auch fertig bringen, Niederlagen und große Schwierigkeiten selbst dem Herrn der Welt in die Schuhe zu schieben. Mose bildet keine Ausnahme. Er klagt munter drauflos.

Sofort im Paradies, nach dem Sündenfall, nimmt diese Schuldverschiebung ihren Lauf. Adam wird von Gott angesprochen: „Was hast du gemacht?" Wie aus der Pistole geschossen, hält er dem Herrn seine Ausrede vor.

„Ich war es nicht. Die Frau, die du mir gegeben hast, ist schuld."

Zwei Ausreden in einem Satz. Adam hält sich für untadelig. Aber die Frau, die Gott ihm zur Seite gestellt hat, ist alles andere als vollkommen.

Sie ist der Versuchung erlegen,
sie hat ihn verführt,
sie hat das Unglück angezettelt,
sie muss zur Rechenschaft gezogen werden.
Eva betreibt dass gleiche schändliche Spiel. Auch sie will es nicht gewesen sein. Sie denkt auch nicht dran, ihren Kopf hinzuhalten. Sie schiebt die Schuld auf die raffinierte Schlange.
Die Projektion, die Verschiebung der Schuld auf andere,
– auf die Umstände,
– auf die Gesellschaft,
– auf die Politiker,
– auf das Wetter,
– auf die bösen Nachbarn,
– auf den lebendigen Gott, ist seit dem Sündenfall ein böses Herausreden geblieben.
Mose ist mit seinen Kräften am Ende, und er macht seinem Herzen Luft. „Warum finde ich keine Gnade vor deinen Augen, dass du die Last des ganzen Volkes auf mich legst?"
Die Klage des Mose hat aber auch eine positive Seite. Er redet sich seinen Kummer von der Seele. Mose frisst nicht alles in sich hinein, wie es viele Menschen machen und daran ersticken. Mose befreit sich. Wir Menschen brauchen einen Zuhörer. Wer seinen Kummer mitteilen kann, teilt mit dem anderen seine Schmerzen. Das Sprichwort bestätigt es: „Geteiltes Leid ist halbes Leid."

Denkanstoß Nr. 3:
Will Mose alles allein machen?
Hat ihn der falsche Ehrgeiz angetrieben?
Hat ihn die Berufung Gottes stolz gemacht?
Glaubt er, nur einer kann die Aufgabe gut und vollkommen lösen?

Will er sich und anderen etwas beweisen?
Viele Chefs und Bosse von Kleinbetrieben, viele Pfarrer von
Gemeinden sind häufig Alleinunterhalter. Sie halten ihren
Kurs für richtig. Ungern lassen sie sich dreinreden.
Die Alleinverantwortung macht ihnen keine Schwierigkeiten
– bis der Erfolg ausbleibt. Die Schwierigkeiten häufen sich,
Alleinentscheidungen tragen keine Früchte, der Erfolg bleibt
aus. Die Klagen der Mitarbeiter werden deutlicher.
Mose kann davon ein Lied singen. Hat er nicht mehr den
Rat seines Schwiegervaters Jethro im Kopf? Der hatte längst
die Überforderung gespürt und angeregt: „Du musst das anders anfassen. Es ist einfach zu viel für dich; du kannst nicht
alles alleine tun. Du reibst dich sonst noch auf, und auch für
die Leute ist es viel zu anstrengend. (...) Wenn du es so
machst und Gott seinen Segen dazu gibt, wirst du unter der
Last deines Amtes nicht zusammenbrechen" (2. Mose 18,18
und 23).
Es gehört Mut dazu, dem Führer des Volkes so deutlich die
Meinung zu sagen. Aber die ganze Familie des Mose hat sich
Gedanken gemacht. Der Schwiegervater spricht sogar von
einem möglichen Zusammenbruch. Er hat das Ausbrennen
kommen sehen.

Denkanstoß Nr. 4:
Mose möchte am liebsten sterben
Menschen, die vom Burnout gepackt sind, verlieren die Rea-
lität aus den Augen.
Eine innere Ermüdung setzt ein. Sie verlieren alles Interesse
an der Arbeit. Sie fühlen sich ausgebeutet und verlassen. Das
Leben macht keine Freude mehr. Die Opfer- und Verantwor-
tungsbereitschaft, die sie kennzeichnete, ist abgeflaut. Selbst
der Glaube an Gott ist ins Schleudern geraten.
Mose ist nicht wieder zu erkennen. Was ist aus dem Helden

geworden, der auf Geheiß Gottes den Stab über das Meer ausstreckt, damit sich die Wasser teilen?

Kein Hauch eines Zweifels, keine Angst und auch kein Misstrauen.

Mose ist nicht der Einzige, der mit Todesgedanken spielt. Bei dem großen Propheten Elia erleben wir Ähnliches. Gestern noch hat er auf dem Berg Karmel furchtlos die Baalspriester abgeschlachtet und den König Ahab im Namen Gottes in seine Schranken verwiesen. Ein paar Tage später bricht der große Prophet zusammen.

Er kann nicht mehr, er will auch nicht mehr. Sterben wäre eine Erlösung für ihn.

Nur selbst will er es nicht machen, Gott soll ihn von der Erde nehmen.

Was Mose umtreibt, hört sich so ähnlich an. „Ich allein kann dieses ganze Volk nicht tragen, die Last ist mir zu schwer. Wenn du sie mir nicht erleichtern willst, dann hab wenigstens Erbarmen mit mir und töte mich, damit ich nicht länger die Qual ausstehen muss" (4. Mose 11,15).

Das ist die Stimme eines Ausgebrannten.

Das ist die Bilanz eines völlig Resignierten.

Denkanstoß Nr. 5:
Gott lässt Mose nicht im Regen stehen
Gott macht den Befreier Israels auch nicht fertig. Keine Vorwürfe, keine Anklagen.

Er kennt die Reaktionen eines Ausgebrannten.

Gott kritisiert auch nicht die völlige Realitätsverzerrung, der Mose zum Opfer gefallen ist.

Wieso muss Mose das Volk *allein* tragen?

Wieso soll er es *wie eine Amme* auf seinen Armen ins gelobte Land befördern?

Alles das sind verzerrte Wahrnehmungen eines Ausgebrannten.

Bei Elia erleben wir Ähnliches. Er behauptet, er wäre allein übrig geblieben. Alle andern Propheten wären vom König Ahab ermordet worden. Aber das stimmt nicht.

Elia hat es gewusst, es steht ein Kapitel vorher im 1. Buch der Könige, dass noch hundert Propheten übrig geblieben sind. Wie kann Elia so etwas behaupten?

Auch Elia wurde nicht von Gott zurechtgewiesen. Unser Herr kennt seine Leute, die im Burnout unvernünftig reagieren.

Gott diskutiert nicht mit Mose. Ihm befiehlt er, Verantwortung zu delegieren und mit anderen zu teilen. Siebzig angesehene Männer soll er auswählen, auf die er seinen Geist ausgießen wird. Und das geschieht.

Denkanstoß Nr. 6:
Vor der Leistung steht das Geschenk
Der Burnout des Mose geht gut aus. Seine Verzweiflung und seine Resignation lädt er bei Gott ab. Das ist der Weg, aus Selbstüberforderung und Erschöpfung herauszukommen. Mose ist ein lehrbuchreifes Beispiel, wie zielorientierte und starke Menschen ins Ausbrennen geraten können. Helfertypen und idealistische Macher müssen sich in Acht nehmen, dass sie sich nicht selbst überschätzen.

Niemals erwartet Gott von uns, dass wir uns kaputtmachen, auch nicht für ihn. Wir sind seine Werkzeuge, seine Mitarbeiter und seine Kinder. Und seine Erwartungen wollen uns nicht emotional auslaugen.

Wenn Menschen in den Burnout fallen, haben sie sich in der Regel selbst überfordert. Sie wollen mehr, als von ihnen verlangt wird.

Sie arbeiten aufopfernder, als es der Auftrag erfordert.

Sie hören Erwartungen heraus, die niemand ausgesprochen hat.

Für uns Menschen und Christen von heute sind solche Geschichten hilfreich. Die großen Gottesmänner waren keine fehlerlosen Superheiligen. In der Lebensgeschichte wird deutlich, dass ihre Gottesbeziehung, die sie in der Tat gelebt haben, von schweren Glaubenskrisen begleitet war.

Viele Christen glauben, Nachfolge Christi verlange unermüdlichen Einsatz und Kraftanstrengung bis zum Äußersten.

„Ein Christ ist immer im Dienst!"

„Er ist es wert, dass man ihn ehrt und sich in seinem Dienst verzehrt."

Diese Aussagen zeigen, dass Opferbereitschaft, Leistung und Dienen zum Markenzeichen eines guten Christen gehören. Unter der Hand wird Nachfolge

- zum *Stress,*
- zur *Schinderei,*
- zur *Fron,*
- zur leidigen *Pflicht.*

Sehr hilfreich formulierte daher Hans-Hermann Böhm, ehemaliger Chefredakteur von „Contrapunkt": „Vor dem Engagement steht das Geschenk …Wir sind keine Arbeitnehmer oder gar Sklaven Gottes, sondern Kinder Gottes, Miterben, Mitbesitzer. Bevor der Dienst und die Mitarbeit beginnen, ist schon eine Beziehung da, sind wir als Personen angenommen und ernst genommen. Die Kinder des Vaters setzen sich auch ein: im ‚Haus des Vaters' – nicht im ‚Betrieb des Chefs'."[3]

In Klartext heißt das:

- Vor unserer Leistung steht sein Geschenk,
- vor unserem Engagement steht seine Liebe,
- vor unserer Hingabe steht seine Preisgabe.

Das falsche Ehrgeiz- und Leistungsdenken hat viele Christen verkrampft und unfroh gemacht. Ihnen fehlen die Gelassenheit und der innere Friede. Sie glauben, für den Herrn zu schaffen. Doch mit dem Kopf wissen sie genau, dass sie sich den Himmel nicht verdienen können. Wir brennen aus, wenn wir unsere Ziele durchsetzen wollen.

Wir erleben einen Burnout, wenn wir eigenwillig unsere Grenzen überschreiten.

Wir können genesen, wenn wir – wie Mose – unsere Enttäuschungen vor IHM ausbreiten.

Kapitel 8

Vom Muss zur Muße

Konkrete Schritte gegen falschen Ehrgeiz, gegen negativen Stress, gegen Arbeitssucht und Burnout.

Stress ist allgegenwärtig. Er scheint ständig zuzunehmen – der Preis für unsere Lebensweise. Sie ist geprägt von Tempo, wachsender Komplexität, Unsicherheit, Konkurrenzdruck und vom unablässigen Streben nach mehr: mehr Erfolg, Geld, Genuss, Glück und Aufmerksamkeit.

Der Schöpfer hat in unseren Organismus einen Abwehrmechanismus eingebaut, damit wir mit Sorgen, Ärger, Frustrationen und Niederlagen, seelischen Konflikten und Überforderungen fertig werden. Wir müssen uns hüten, dass dieser Mechanismus *über*beansprucht wird.

Ein pausenloses Trommelfeuer von allen möglichen Reizen kann ihn überlasten.

Das System bricht zusammen, und wir schädigen uns selbst. Wer ständig im Alarmzustand beharrt, treibt Leib und Seele in den Ruin.

Wir können lernen, alle schädigenden Nebenwirkungen auf ein Mindestmaß zu reduzieren.

Im Folgenden werden Schritte angeboten, die Ihnen helfen,
– belastenden Stressoren auszuweichen,
– falsch verstandenen Ehrgeiz zu überprüfen,
– unnötige Überforderungen abzulegen
– und Gelassenheit und Muße einzuüben.

Nicht jeder Schritt ist für Sie passend. Wählen Sie die Schritte aus, die für Sie Entspannung und Entlastung bieten und Ihre Widerstandskraft fördern.

Schritt 1:
Fragen Sie nach den wirklichen Motiven!
Stress ist ein Symptom. Das eigentliche Übel sitzt tiefer. Es hat mit unserem Lebensstil zu tun, also mit Denken, Fühlen und Handeln. Der Lebensstil verkörpert unsere Lebenseinstellung zu Arbeit, Beruf, Geld, Familie und zu unseren Lebenszielen. Stellen Sie sich folgende Fragen:

- Was verursacht in Ihnen negative Gefühle? Was ruft bei Ihnen Ärger, Zornesausbrüche, Niedergeschlagenheit und Resignation hervor?
- Welche Situationen lösen bei Ihnen regelmäßig psychosomatische Reaktionen aus? Leiden Sie unter Magenbeschwerden, plötzlicher Erschöpfung, Nackenverspannung oder Herzrasen?
- Schlafen Sie ausreichend? Können Sie tief und erholsam schlafen?
- Haben Sie Probleme mit der Konzentrationsfähigkeit? Schweifen Sie in Gedanken oft ab? Geraten Sie ins Grübeln?
- Was hält Sie von regelmäßigem Sport, von Entspannungsübungen und vernünftiger Ernährung ab?
- Gelingt es Ihnen, Ihre „stille Zeit" zu halten? Kommen Sie wirklich zur Ruhe, oder bringen Sie verschiedene Stressoren in Spannung?

Wenn Sie mehrere Motive erkennen, geraten Sie nicht in Panik und verschlimmern dadurch Ihren Zustand. Beginnen Sie mit *einem* Punkt und lassen Sie sich nicht entmutigen.

Schritt 2:
Ohne wirkliche Einsicht läuft nichts!

Das Sprichwort sagt es deutlich: „Einsicht ist der erste Schritt zur Besserung!" Ohne Einsicht keine Veränderung und keine Kurskorrektur. Arbeitssüchtige und Alkoholsüchtige sind in der Regel *un*einsichtig. Sie glauben,
– ihre Sucht im Griff zu haben,
– alles sei halb so schlimm,
– jederzeit die Kontrolle zu behalten.
Süchtige finden immer eine Ausrede, warum sie weitermachen müssen. Die meisten Arbeitssüchtigen wollen spätestens mit 65 Jahren aufhören zu arbeiten. Damit beruhigen sie ihre Partner, ihre Kinder und sich selbst. Aber sie können nicht, und sie wollen nicht.
Gründe:
▪ Sie treibt ein unersättliches Anerkennungsstreben um.
▪ Sie wollen bestätigt und bewundert werden.
▪ Sie legen Wert darauf, weiterhin eine wichtige Rolle zu spielen.
Einsicht ist ein Gottesgeschenk.
Wer sein Innerstes vor dem lebendigen Gott offen legt, wird Einsicht in seine verborgenen Ziele und Sehnsüchte bekommen.

König David hat es gewagt, seine unerkannten Motive von Gott durchsichtig machen zu lassen:
„Herr, du durchschaust mich,
du kennst mich durch und durch.
Ob ich sitze oder stehe, du weißt es,
du kennst meine Pläne von ferne.
Ob ich tätig bin oder ausruhe, du siehst mich.
Jeder Schritt, den ich mache, ist dir bekannt."
(Psalm 139,1-3)

Schritt 3:

Bösartiger Stress (Di-Stress) lässt sich an typischen Signalen ablesen

Akuter Stress überfällt uns wie ein Räuber und löst sofort körperliche Reaktionen aus: Schweißausbrüche, Herzrasen, feuchte Hände. Mittelfristig passt sich der Organismus an die Belastungen an. Bei chronischem Stress, der schwelende Konflikte, ungelöste Probleme und wiederkehrende Ärgernisse verrät, verändert der Körper seine chemische Balance. Wir unterschätzen diesen schleichenden Stress.

Bösartiger Stress lässt sich an folgenden Symptomen ablesen:

– Wir sind häufig erschöpft,
– morgens schon todmüde,
– unkonzentriert und ängstlich.

Länger anhaltende Stressphasen münden nicht selten im Burnout-Syndrom, dem Gefühl, ausgebrannt zu sein.

- Was wollen Sie unternehmen?
- Reagieren Sie nicht kämpferisch, sondern denken Sie nach.
- Erleben Sie harte und ungerechte Kritik?
- Stehen große finanzielle Probleme ins Haus?
- Droht ein Scheidungsverfahren oder leben Sie in partnerschaftlichem Clinch?

Schritt 4:

Verzichten Sie auf Multitasking

Multitasking beinhaltet, mehrere Aufgaben gleichzeitig zu lösen. Stressgeplagte sind in der Regel Menschen, die mehrere Eisen gleichzeitig im Feuer haben. Es macht ihnen Freude, zwei bis fünf Aufgaben im Handumdrehen zu lösen. Sie wissen, dass sie in Hektik geraten. Sie wissen, dass ihr Nervensystem überfordert wird. Aber der Stolz, in einer halben

Stunde fünf Dinge erledigt zu haben, macht sie zufrieden. Sie nehmen die ständige Überbelastung in Kauf.

Die Nachteile dabei sind allerdings:
- Sie kommen ständig zu spät,
- sie erreichen abgekämpft den Vortrag oder das Konzert,
- sie erscheinen aufgedreht und verspannt im Gottesdienst,
- sie stehen entnervt vor roten Ampeln.

Multitasking ist ein fragwürdiger Lebensstil. Bei Licht besehen wissen Sie genau, was Sie falsch machen.

Stellen Sie sich die Fragen:
- Ist es wirklich wichtig für mich?
- Reagiere ich angemessen?
- Kann ich etwas ändern?
- Sind es die vielen Dinge wert?

Viele Mitarbeiterinnen und Mitarbeiter in Betrieben entscheiden sich für *Downshifting*, für ein Herunterschrauben ihrer Karrierepläne. Ihnen sind Gesundheit und Wohlbefinden lieber als eine dicke Brieftasche.

Können Sie etwas tun, oder glauben Sie, nichts ändern zu können?

Schritt 5:
Schrauben Sie Ihre Gefühlsaufwallungen herunter

Auf viele Stressoren reagieren nicht wenige mit Ärger, Zorn oder Aggression. Die negativen Gefühlsaufwallungen überwältigen uns. Wir steigern uns in selbstschädigende Reaktionen hinein. Wir flippen aus. Wir nehmen Kränkungen, Beleidigungen tierisch ernst.

Fühlen wir uns so klein und unbedeutend, dass wir solche Angriffe auf keinen Fall dulden dürfen?

Ist unser Selbstwert so niedrig, dass wir lieber gesundheitliche Einbußen schlucken, als großzügig darüber hinwegzusehen?

Wichtiger Hinweis:
- Nicht die andern haben mich wütend gemacht,
- nicht die andern haben meinen Ärger herausgefordert,
- nicht die andern haben meine Aggression ausgelöst, sondern:

- Ich habe mich für Ärger entschieden,
- ich kann die Kritik oder die Beleidigung nicht auf mir sitzen lassen,
- ich will den anderen zur Rechenschaft ziehen,
- ich entscheide mich für eine aggressive Reaktion,
- ich will dem anderen einen Denkzettel verpassen.

Uns Christen redet die Bibel ins Gewissen, wenn sie formuliert: „Wenn euch jemand Unrecht tut, dann zahlt es ihm nicht mit gleicher Münze heim. Nehmt euch vor, allen Menschen Gutes zu erweisen. So weit es an euch liegt, tut alles, um mit jedermann in Frieden zu leben. Verschafft euch nicht selbst euer Recht, liebe Freunde, sondern überlasst das dem Strafgericht Gottes" (Römer 12,17.18). Eine ausgezeichnete Regel zur Stressregulierung.

Schritt 6:
Wie können Sie ungerechte Kritik abwehren?
Ihre Reaktion hängt von Ihrer Einschätzung der Kritik ab.
Halten Sie die Kritik für unverschämt und anmaßend, werden Sie vermutlich verbal in die Ketten gehen.
Vielleicht strengen Sie auch ein Gerichtsverfahren an. Sie bringen Ihr Verteidigungssystem in höchste Alarmbereitschaft. Je länger sie anhält, je ausdauernder Sie kämpfen, desto mehr schädigen Sie Leib und Seele.
Wer Kritik entschärfen kann, tut ein Gott wohlgefälliges Werk.
Der Bestsellerautor Dale Carnegie, der aufsehenerregende Bücher geschrieben hat, setzt sich in einem mit ungerechter

Kritik auseinander. Ein Kapitel lautet: „Wie man es machen muss, um sich die Kritik anderer nicht zu Herzen zu nehmen." Über den Abschnitt setzt er einen Merksatz, der so lautet: „Denkt daran, dass keiner einem toten Hund einen Tritt versetzt."

Machen wir uns klar:
– Jemand, der tritt, nimmt den anderen wichtig.
– Jemand, der tritt, beneidet den anderen.
– Werden Sie getreten oder kritisiert, werden Sie sehr ernst genommen.
– Sind Sie eine Niete und ein Nichts, denkt keiner daran, Ihnen etwas am Zeuge zu flicken.

Noch einmal Dale Carnegie:
„Wenn wir uns versucht fühlen, uns über ungerechte Kritik zu ärgern und zu grämen, dann wollen wir als Regel Nr. 1 daran denken, dass ungerechte Kritik oft ungewollte Komplimente sind; denn niemand gibt einem toten Hund einen Fußtritt."

Eine zweite große Hilfe habe ich vor Jahren von der Deutschamerikanerin Ruth Cohn erfahren, die ein Seminar über zwischenmenschliche Beziehungen hielt. Sie beschrieb eine Methode, die wir in einer Übung zu praktizieren hatten. Männer mussten vor Frauen knien, Frauen mussten vor Männern knien. Die Teilnehmer, die standen, bekamen den Auftrag, den Knienden etwas Hässliches und Gemeines an den Kopf zu werfen. Die Knienden sollten jeweils mit drei konkreten Sätzen reagieren:
1. Satz: „Ich danke dir, dass du mir das gesagt hast."
2. Satz: „Ich werde mir die Sache überlegen und zu Herzen nehmen."

3. Satz: „Aber ich bin nicht dazu auf der Welt, alle deine Wünsche zu erfüllen."

Zwei Sätze, die die Kritik ernst nehmen, ein Satz, der unangemessene Forderungen und Wünsche zurückweist. Der erste Satz akzeptiert die kritischen Äußerungen des Gegenübers. Kein Gegenangriff und keine Rechtfertigung. Der zweite Satz weist die Kritik nicht in die Schranken, sondern greift das Gesagte auf. Der Angesprochene wird ehrlich und ernsthaft prüfen, ob an den Wünschen, Forderungen und an der Kritik etwas dran ist. Der Kritisierte macht deutlich, dass er den Kritiker achtet und ernst nimmt. Der dritte Satz ist auch nötig, um zu demonstrieren, dass wir uns nicht alles bieten lassen müssen. Die Abgrenzung ist nicht lieblos, aber klar.

Wie viel ungesunden Stress würden sich Frauen und Männer, Eltern und Kinder ersparen, wenn sie die drei Sätze in ihr Umgangsrepertoire aufnehmen würden.

Schritt 7:
Wie gehen wir hilfreich mit Sorgen um?
Sorgen sind einwandfrei Di-Stress. Menschen, die sich große Sorgen machen, sind in der Regel psychisch und körperlich belastet.

- Sie *sorgen* sich, was die andern denken könnten,
- sie *sorgen* sich, wie sie beurteilt werden,
- sie *sorgen* sich, was andere von ihnen halten,
- sie *sorgen* sich, was in der Zukunft alles auf sie zukommen kann,
- sie *sorgen* sich und zergrübeln ihr Leben.

Sorgenmenschen „machen aus Mücken Elefanten". Sie spielen Kleinigkeiten hoch und sehen hinter jedem Busch einen Verbrecher. Sie jammern und klagen und bringen ihren Organismus in Aufruhr.

Sorgen sind *Symptome*, selten das eigentliche Problem. Hinter den Sorgen stehen unerkannte und oft übersehene Motive. Wie können sie lauten?
– Ich trage allein die Verantwortung für alles. Keiner kann sie mir abnehmen.
– Ich habe gelernt, dass auf keinen Verlass ist. Ich muss alles selbst in die Hand nehmen.
– Ich trage für alles Sorge, dann werde ich anerkannt.
– Ich bin ein Perfektionist, die andern denken und arbeiten nicht gründlich genug.

Es ist wenig hilfreich zu beten: „Herr, nimm mir die Sorgen weg." Solange ich eins der genannten Motive aufrechterhalte und verfolge, kann der Herr mir die Sorgen nicht wegnehmen. Entscheidend ist, dass wir uns die Motive des Sorgenmachens anschauen und diese ins Gebet nehmen. Ein solches Gebet kann dann eventuell lauten:

„Herr, ich danke dir, dass du mir hinter allen Sorgen mein übertriebenes Verantwortungsgefühl deutlich gemacht hast. Ich habe bisher den Eindruck gehabt, dass ich nur allein alles regeln, steuern und leiten kann. Das ist Hochmut und Eitelkeit. Gib mir deinen heiligen Geist, dass ich sofort mein übertriebenes Verantwortungsgefühl zurückschraube, und zeige mir, wo ich konkret beginnen soll. Amen."

Schritt 8:
Gehen Sie barmherzig mit sich um!
Ehrgeizige, Arbeitssüchtige und Burnout-Gefährdete gehen in der Regel unbarmherzig mit sich um. Sie überfordern sich gnadenlos. Über die Folgen ist in diesem Buch ausreichend geschrieben worden.
Die Bibel zitiert zigfach das Wort Barmherzigkeit. Ein Wort mag für viele stehen: „Barmherzig und gnädig ist der Herr, geduldig und von großer Güte" (Psalm 103, 8). Paulus nennt

Gott in der Tat den „Vater der Barmherzigkeit". Sogar im Islam finden wir Zeugnisse von Gottes Barmherzigkeit. Mohammed hat, wie manches andere, auch Gottes Barmherzigkeit aus der Bibel übernommen. Die meisten Suren des Korans beginnen mit dem Anruf: „Im Namen Gottes, des barmherzigen Erbarmers".

Barmherzig ist, wer gut mit dem andern und *mit sich* umgeht. Christus ist das persönliche Abbild der Barmherzigkeit Gottes. Er hat sie nicht nur verkündigt, er hat sie uns vorgelebt.

Das griechische Wort für Barmherzigkeit meint die wichtigsten Organe des menschlichen Körpers: Herz, Lunge, Leber und die Därme. Die Griechen dachten, diese Organe seien der Sitz der Gefühle, vor allem von Zorn, Furcht und sogar Liebe. Barmherzigkeit meint in erster Linie Mitgefühl für den anderen und Mitgefühl für uns selbst.

Menschen mit großen Forderungen an sich sind es von klein auf gewöhnt, streng mit sich umzugehen. Entweder wollen sie die Erwartungen der Eltern erfüllen, oder sie jagen später ihren eigenen Zielen und Erwartungen nach.

- Sie wollen *überholen*,
- sie wollen *vollkommen* sein,
- sie wollen *fehlerlos* arbeiten,
- sie wollen im *Mittelpunkt stehen*,
- sie brauchen viel *Anerkennung*.

Wer sich überfordert, in die Erschöpfung abdriftet, unglücklich und unzufrieden ist, braucht Barmherzigkeit.

- Er muss wissen, dass der lebendige Gott ihn angenommen hat,
- er muss wissen, dass der lebendige Gott Fehler und Sünden vergibt,
- er muss wissen, dass der lebendige Gott ihn nicht überfordert,

– er muss wissen, dass der lebendige Gott kein Sklaven-
antreiber und Tyrann ist.

Wer barmherzig mit sich umgeht, kann auch barmherzig mit
anderen umgehen. Barmherzigkeit müssen wir uns nicht ab-
zwingen. Sie ist keine menschliche Tugend.

Barmherzigkeit ist die Frucht des Heiligen Geistes. Sie ist ein
Geschenk.

Können wir sein Geschenk annehmen, oder wollen wir uns,
irgendwelchen anderen und Gott beweisen, wie tüchtig wir
sind?

Schritt 9:
Denken Sie daran, der Herzinfarkt beginnt im Kopf!

Der Herzinfarkt ist zweifellos auch ein Ergebnis von negativem Stress. Nun behauptet der streitbare Kardiologe Dr.
Kurt Sroka, dass die wichtigste Ursache des Infarktes nicht
im Herzen, sondern im Kopf liegt.

Die Schulmediziner behaupten: Die Herzkranzgefäße ver-
engen sich durch ateriosklerotische Wandverkalkung, die
Blutzufuhr zum Herzen wird erschwert. Der Herzmuskel
wird nur noch ungenügend mit Sauerstoff versorgt, das Ab-
sterben der betroffenen Muskelregion löst den Infarkt aus.
Bei diesem Modell bleibt aber manches dunkel. Zum Beispiel kann es nicht erklären, warum dreimal so viel Männer
wie Frauen dem tödlichen Infarkt zum Opfer fallen.

Der Arzt Sroka hat eine Gegenthese. Er glaubt, die Ursache
des Infarktes liege in erster Linie im Kopf. Er meint damit
die vom Gehirn gesteuerte Nervenversorgung des Herzens.
Sroka sieht in erster Linie eine Fehlsteuerung des Herzens
durch den Vagus. Dem Herzen fehlen entsprechende Erho-
lungsphasen. Das Herz wird überfordert durch angestrebte
soziale Anerkennung. Der Mensch erfährt in der Familie und
in der Partnerschaft zu wenig Unterstützung. Außerdem

trifft es Menschen, die eher zur emotionalen Verschlossenheit neigen.

Im Klartext heißt das:

- Wer sich überfordert, weil sein Anerkennungsstreben enorm hoch ist, tut seinem Herzen auf Dauer einen schlechten Dienst.

- Wer Ehe, Partnerschaft und Familie vernachlässigt, stürzt sich umso mehr in Arbeit und Arbeitssucht und zahlt eines Tages dafür einen hohen Preis.

- Wer Gefühle unterdrückt, und wer Enttäuschungen, Trauer und Misserfolge nicht mitteilen kann, schädigt seinen Herzmuskel.

Schritt 10:
Coping – oder die Kunst, mit Stress vernünftig umzugehen
Wie können wir ein hohes Maß an Zufriedenheit gewinnen? Wie können wir gelassener werden?
Krisen, Konflikte und Krankheiten bescheren uns immer wieder ein hohes Maß an Stress. Manche kritischen Lebensereignisse brechen als Stresslawine in unser Leben. Welche Coping-Strategien helfen weiter? Manchmal ist es wichtig, wegzutauchen und den Kopf für einige Zeit in den Sand zu stecken. Manchmal ist es wichtig, sofort den Stier bei den Hörnern zu fassen.
Eine hilfreiche Coping-Methode ist, sich schwere, schmerzhafte und belastende Erlebnisse von der Seele zu reden. Geteiltes Leid ist halbes Leid, geteilter Schmerz ist halber Schmerz. Die Telefonseelsorge kann ein Lied davon singen, wie viele Anrufer einfach etwas loswerden wollen.
– Sie brauchen einen Zuhörer, keinen Therapeuten.
– Sie brauchen ein Gegenüber, keinen Ratgeber.
– Wer erzählen kann, wird leichter mit Enttäuschungen und Lebenskrisen fertig.

Der Erzähler lässt den Stress los.

Der Erzähler distanziert sich vom Ereignis.

Der Erzähler analysiert und ordnet sein Geschehen.

Der Erzähler reflektiert, was war gut, was war schlecht, was kann er demnächst besser machen.

Schritt 11:
Praktizieren Sie Askese!

Der Asket ist einer, der sich in etwas übt, der sich auf einen Wettkampf vorbereitet und auf alle möglichen Dinge verzichtet, die seine Gesundheit und seine kämpferische Verfassung mindern könnten.

Askese ist völlig aus der Mode gekommen. Das Wort und die damit verbundene Geisteshaltung sind uns Menschen von heute fremd.

Wir leben in einer Spaßgesellschaft,

wir wollen Genuss und Selbstentfaltung,

wir wollen Glück und Lebensfreude,

wir wollen alles mitnehmen und nichts anbrennen lassen, wie man so schön sagt.

Askese ist heilsam und ein probates Rezept gegen Di-Stress.

In der Askese lernen wir,

... nein zu sagen,

... Terminabsprachen auf ihre Wichtigkeit zu überprüfen,

... den Mut, auszuwählen, statt wahllos zu konsumieren,

... Wachheit und Misstrauen gegen tausendfältige Angebote der Konsumwelt,

... Kraft zu schöpfen, Wesentliches vom Unwesentlichen zu unterscheiden,

... sinnvolle Pausen einzulegen und Abstand von Problemen zu bekommen.

Welcher Aspekt berührt Sie am stärksten?

Welchen Punkt wollen Sie in Arbeit und ins Gebet nehmen?

Schritt 12:
Verhindern Sie ein Poststress-Syndrom!
Was ist damit gemeint? Eine Erkrankung, die erst auftritt, wenn der Stress vorbei ist.

Sie haben sicher schon von Menschen gehört, die im Urlaub einen Herzinfarkt erleiden. Sie haben den Arbeitsstress hinter sich, der verdiente Urlaub liegt vor ihnen. Sofort nach einem randvollen Arbeitstag steigen sie ins Auto, kommen auf der Fahrt in einige Staus und fallen übermüdet und kaputt ins Bett, wenn sie ihr Hotel gefunden haben. Sie freuen sich riesig auf die verdiente Erholung.

Wenn es dann so weit ist, machen viele schlapp. Denn kaum erlaubt der Alltagsstress das Loslassen, macht der Körper auf sich aufmerksam. Sie haben Raubbau mit ihren Kräften getrieben. Der Mediziner und Psychologe Dr. Kugler vom Dresdner Institut für Gesundheitswissenschaften schreibt: „An der Ost- und Nordsee sind die Krankenhäuser im Sommer zu 50 bis 60 Prozent mit Urlaubern belegt. Mit einer Fahrt an die Küste wollen die Menschen sich etwas Gutes tun, viele übernehmen sich aber bereits mit der langen Anreise. Die Einweisung in die Klinik erfolgt dann ein bis drei Tage später."[1]

Was können Sie tun?

– Fahren Sie nicht sofort los, wenn Sie gestresst aus dem Büro kommen.

– Das Reisen mit „Last-Minute-Mentalität" ist eine große Belastung für Körper und Seele.

– Gestalten Sie den Urlaub als Auszeit. Denken Sie in den Ruhetagen darüber nach, welche Stressoren Sie vermeiden können.

– Planen Sie nicht nur einen zwar anregenden, aber anstrengenden Kurztrip, sondern einen längeren Urlaub, der Ihrer Gesundheit förderlich ist.

Schritt 13:
Geben Sie Ihren Perfektionismus auf!
Perfektionismus ist ein hervorragender Stress-Lieferant.
Perfektionismus ist ein Krebsgeschwür im menschlichen Leben. Er untergräbt Wohlbefinden und Zufriedenheit. Die Lebensqualität leidet. Die bewussten und unbewussten Ziele sind zu hoch. Viele Frauen, Männer und Kinder versuchen als perfekte Menschen zu leben. Sie wollen
– ihre Ehe,
– ihre Erziehung,
– ihre Arbeit,
– ihren Glauben,
– ihr gesamtes Leben fehlerfrei und makellos gestalten.
Die Überforderung liegt auf der Hand. Der Mensch setzt Leib, Seele und Geist unter Druck.
Perfektionismus ist eine teuflische Einflüsterung. Eine Taktik des „frommen Teufels". Er weiß, wo er Menschen und besonders Christen in Sackgassen manövrieren kann. Aber Perfektionismus ist kein unabänderliches Schicksal.
Mit Gottes Hilfe können Perfektionisten zu glücklichen Menschen werden.
Mit Gottes Hilfe können sie ihren falschen Ehrgeiz, ihr Vollkommenheitsstreben und ihre Selbstüberforderung ändern.
Wie kann sich der Mensch aus den Klauen des Perfektionismus befreien?

1. Er gibt sein Konkurrenzstreben auf
Der Perfektionist erlebt seine Mitmenschen als Konkurrenten. Er steht mit ihnen im Kampf, und Kampf bedeutet Stress, Giftstoffe, Spannungen, Verspannungen.
Persönlicher Ehrgeiz und Überlegenheitsstreben untergraben die Harmonie und das mitmenschliche Zusammenspiel.

2. Durch Mut zur Unvollkommenheit

Perfektionismus ist eine utopische Vorstellung. Wer an seinen Fähigkeiten nicht zweifeln will, braucht den Mut zur Unvollkommenheit. Gläubige Muslime weben in jeden Teppich, den sie herstellen, einen kleinen Fehler hinein. Sie wissen, nur Allah ist fehlerlos. Sie haben die Furcht, ihm die Ehre zu nehmen, wenn sie selbst vollkommen sein wollen und vollkommene Produkte herstellen.

Wer den Mut hat, Fehler zu machen und unvollkommen zu sein, wird positive Beiträge leisten. Und warum? Er schaut nicht auf Erfolg und Misserfolg, auf Bessersein und Überlegenheit, er tut sein Bestes – ohne nach rechts oder links zu schauen. Sein Augenmerk ist auf die *Sache* gerichtet, nicht auf Personen, auch nicht auf sein Prestige. Ein Mensch, der seinen Wert *beweisen* will, greift zu Ehrgeiz und Perfektionismus.

3. Der Perfektionist benötigt Gnade

Gnade ist das Gegenteil von Leistung. Perfektionisten sind leistungsorientiert. Sie handeln ungnädig an sich. Gnade ist die unverdiente, unverdienbare und nicht zurückzahlbare Gunsterweisung. Die Gnade ist ein reines Geschenk; das Herzstück der Botschaft des Neuen Testamentes ist Gnade.

„Es ist erschienen die heilsame Gnade Gottes allen Menschen" (Titus 2,11).

Der Kernsatz der Reformation steht im Römerbrief: „Wir werden ohne Verdienst gerecht aus seiner Gnade, durch die Erlösung, so durch Christum Jesum geschehen ist" (Römer. 3,24).

Perfektionisten müssen systematisch einüben, sich von Christus beschenken zu lassen.

Schritt 14:
Stärken Sie Ihre physische und psychische Stabilität!
Wichtig ist ein abgestimmter Wechsel zwischen Arbeit und Pause, Spannung und Entspannung.

Im Allgemeinen erreicht unsere Leistungsfähigkeit zwischen 8 und 11 Uhr einen Höchstwert, um dann bis etwa 14 Uhr abzusinken. Etwa zwischen 15 und 21 Uhr ist wiederum ein Leistungsanstieg zu verzeichnen, der allerdings geringer ist als in den Morgenstunden.

Während physiologischer Tiefpunkte ist die Unfallgefahr größer, Fehlleistungen werden vor allem bei Nachtarbeitern häufiger.

Aber es gibt „Morgenmuffel", die erst am späten Nachmittag rege werden. Dann gibt es den „Morgensänger", der früh aufstehen kann und morgens seine größte Leistungsfähigkeit zeigt. Was können Sie tun?

1. Pausieren
Wer immer wieder kleine Pausen einlegt, ist noch kein Zeitverschwender. Oft schafft er mehr als der Umtriebige. Allzu große Geschäftigkeit ist ein Symptom für mangelnde Reife und Distanz. Wer schöpferisch tätig ist, muss die Kunst der sinnvollen Pause beherrschen. Wer pausieren kann, erholt sich vom Stress. Ja, Pausen können Stressreaktionen so weit abschwächen, dass sie nicht mehr Belastung, sondern Anregung sind.

2. Gönnen Sie sich Schlaf!
Wer eine stressreiche Arbeit vollendet hat, kann gut schlafen. Die Spannung fällt weg. Wer sich gestresst schlafen legt, erlebt, dass im Stress Hormone ausgeschieden werden, die zu Höchstleistungen anregen und jede Müdigkeit vertreiben.

Vorsicht, wenn Sie abends spät noch mit einer Aufgabe beschäftigt sind, die Ihnen die Ruhe raubt.

Vorsicht, wenn Sie sich am anderen Tag mit Kaffee und Aufputschmitteln wach halten müssen.

3. Den Stress „ausatmen"

Die Veränderung des Atemrhythmus ist ein wirksames Mittel gegen Stress. Atmen Sie viele Male am Tage besonders tief ein und langsam wieder aus. Bevorzugen Sie dabei die Bauch- oder Zwerchfellatmung. Beim Einatmen wölbt sich der Bauch vor, beim Ausatmen flacht er sich ab.

Ebenso, wie Sie Angst „ausatmen" können, können Sie auch aufkommende Müdigkeit durch einen veränderten Atemrhythmus verscheuchen. Immer wenn Sie Stress erwarten, können Sie durch vorbeugendes Einatmen und langsames Ausatmen Ihr Vegetativum, Ihr unwillkürliches Nervensystem, positiv beeinflussen.

Schon der große Prediger Spurgeon sagte: „Nebst Heiligem Geist ist Sauerstoff die wichtigste Einnahmequelle für den Christen."

Schritt 15:
Leben Sie versöhnt mit sich selbst!

Leben Sie mit sich im Frieden?

Wer mit sich nicht versöhnt ist, lebt im Bürgerkrieg.

Wer eine hohe innere Spannung verspürt, steht unter Stress. Viele Menschen wissen sich von Jesus akzeptiert, aber sie leiden unter Minderwertigkeitskomplexen, unter mangelnder Selbstannahme und Selbstentwertung. Ihre Wünsche an sich und die Realität stimmen nicht miteinander überein.

Anselm Grün charakterisiert dieses geistliche Dilemma so: „Das Wort Versöhnung kommt vom Mittelhochdeutschen *süene* und meint: Schlichtung, Friede, Kuss. Und es klingt noch die Bedeutung mit ,still machen, beschwichtigen'. Sich mit sich selbst versöhnen heißt also: Frieden stiften mit mir selbst, einverstanden sein mit mir, so, wie ich geworden bin. Den Streit schlichten zwischen den verschiedenen Bedürfnissen und Wünschen, die mich hin und her zerren. Die Spaltung aufheben, die sich in mir auftut zwischen meinem Ideal und meiner Realität. Die aufgebrachte Seele beruhigen, die sich immer wieder auflehnt gegen meine Wirklichkeit. Was mir so schwer fällt, meine Fehler und Schwächen küssen, zärtlich umgehen mit mir selbst, gerade mit dem, was meinem Idealbild widerspricht."[2]

Sind Sie einverstanden mit sich?

Gibt es keinen Streit in Ihnen zwischen Ihren Bedürfnissen und Ihren Idealen?

Idealismus beinhaltet hohen Stress. Sie sind nie zufrieden mit dem, was Sie erreicht haben. Idealismus ist eine Peitsche, die Sie im Rücken verspüren. Idealismus ist ein Sklaven-antreiber. Christus ist für Sünder gestorben und nicht für Idealisten, die alles selbst fehlerlos gestalten wollen.

Versöhnung heißt nicht
- Frieden um jeden Preis,
- Konflikte bagatellisieren,
- Auseinandersetzungen vermeiden,
- schludrig arbeiten und verantwortungslos handeln.

Wer glaubt, darf seine Seele beruhigen, weil Christus die Vollkommenheit ist.

Wer glaubt, darf seinen Perfektionismus und seinen Idealismus verringern, weil es das Hundertprozentige im Himmel gibt.

Schritt 16:
Setzen Sie Ihre Stärken ein!
Viele Menschen vergeuden ungeahnte Energien, indem sie gegen Mängel und Schwächen zu Felde ziehen.

Sie wollen *Fehler* beheben,
sie wollen *Defizite* korrigieren,
und sie wollen *Unzulänglichkeiten* verringern.

Eine internationale Meinungsforschungs- und Beraterfirma hat vor einiger Zeit 250 000 erfolgreiche Frauen und Männer befragt. Sie kam zu einem eindeutigen Ergebnis. Diejenigen, die das höchste Leistungsniveau erreicht hatten, waren Menschen, die ihre Stärken einbrachten und ihre Schwächen übersahen. Wer Schwächen und Defizite bekämpft, führt einen Zwei-Fronten-Krieg. Und Zwei-Fronten-Kriege gingen in der Vergangenheit in der Regel verloren.

Wer auf *Stärken* setzt,
wer seine *Talente* ausbaut und
wer seine *Charismen* fördert, handelt richtig und erfolgreich.

Was ist der Vorteil, wenn Sie auf Ihre Stärken setzen?
– Sie sind von Ihren Stärken überzeugt.
– Sie zweifeln nicht an Ihren Fähigkeiten.
– Sie gehen mit völliger Hingabe an die Arbeit.
– Sie konzentrieren sich auf das zu erreichende Ziel.

Mängel und Schwächen entmutigen und fördern den Zweifel. Sie vergrößern das Misstrauen.

Gott hat uns Gaben und Talente gegeben, mit denen wir wuchern sollen. Wir alle kennen die Geschichte „von den anvertrauten Pfunden". Jedem hat Gott Talente anvertraut, mit denen er in seinem Namen bis zur Wiederkunft wuchern soll. Wer seine Talente vergräbt, versteckt oder ängstlich infrage stellt, stellt sich gegen den Schöpfer und Geber aller guten Gaben. Unser Herr will, dass wir sie für ihn verwenden und nicht unsere Anerkennungsbedürfnisse befriedigen. Wer sich ständig mit seinen Defiziten und Mängeln auseinander setzt, bringt es zu nichts. Der Teufel hat sein Gefallen daran, uns mit Selbstzweifeln lahm zu legen.

„Ich kann mir meine Fehler nicht vergeben!"

Wer so denkt, verwandelt Fehler in Katastrophen. Schwächen und Fehler gehören nun einmal zum Leben dazu. Sie geben uns die Chance, Schwächen in Stärke zu verwandeln. Setzen Sie auf Ihre Stärken!

Benutzen Sie Ihre Gaben und lassen Sie Ihre Schwächen ruhen.

Schritt 17:
Veränderungen kosten Arbeit

Können sich Menschen überhaupt schnell und grundlegend ändern? In der Regel nicht. Aber es gibt genügend Beispiele, dass

... Unfälle,

... Krankheiten,

... Todesfälle,

... böse Erfahrungen und

... geistliche Erlebnisse einen Menschen grundlegend ändern können.

Die Statistik bestätigt: 25 Prozent aller guten Vorsätze scheitern nach durchschnittlich 15 Wochen. Nur sehr wenige Menschen schaffen es, sich von heute auf morgen von schlechten Gewohnheiten, Suchtverhalten oder belastenden Situationen zu trennen.

Veränderungen sind harte Arbeit. Uns fällt nichts in den Schoß. Der Lebensstil eines Arbeitssüchtigen ist von Ehrgeiz, Anerkennungsstreben und Geltungssucht geprägt.

Wenn er nicht einen „Schuss vor den Bug" erlebt, einen Zusammenbruch oder eine schwere Krankheit, ist er nicht bereit, sein Lebenskonzept grundlegend zu korrigieren.

Christen beten um Veränderung, ohne Arbeit in ihre Veränderung zu investieren. Sie gehen davon aus, dass Gott alles weiß und alles kann. In der Seelsorge haben mir Ratsuchende gesagt, dass sie von Gott und im Gebet alles erhoffen. Erfahren sie von Gott nicht die erhoffte Antwort und erleben bei ihren Problemen keine Änderung, unternehmen sie keine weiteren Schritte und ertragen Hektik und Stress stillschweigend. Ich frage gern, was sie gebetet haben, und sie sagen beispielsweise:

„Herr, lass mich ruhiger und gelassener werden. Meine Nerven spielen verrückt."

Sind solche Gebete wirklich hilfreich?

Sie verraten zwar, dass der Mensch sich ernsthaft an Gott wendet und auch an seine Kraft glaubt, aber seine egoistischen Strategien, die im Hintergrund stehen können, will er nicht aufgeben. Hilfreicher sind Gebete, die Gott zumuten, er möchte ihnen die wahren Hintergründe ihrer Überlastung kundtun. Beispielsweise:

„Herr, zeige mir, was ich mit Hektik und Arbeitsüberlastung ausdrücke! Willst du, dass ich mich überarbeite? Was mache ich falsch, dass ich der Nervenbelastung nicht mehr gewachsen bin?"

Oder:

„Was will ich mit Ehrgeiz und hohen Erwartungen an mich und andere bezwecken?"

Oder:

„Warum lasse ich mich überreden, Aufgaben und Arbeiten zu übernehmen, die mich stressen und überfordern?"

Wer jetzt still wird und ernsthaft vor dem lebendigen Gott seine Situation reflektiert, der bekommt Antworten. Er wird spüren,

- was er falsch macht,
- was seine Überlastung mit Ehrgeiz oder Eitelkeit zu tun hat,
- ob er nicht nein sagen kann und allen Menschen gefallen will,
- ob er ein Perfektionist ist und nur das Hundertprozentige stehen lassen kann,
- ob er alles allein erledigen muss, weil es sonst seinen Ansprüchen nicht genügt.
- ob er die Verantwortung nicht abgeben kann und für die Überarbeitung selbst seinen Kopf hinhalten muss.

Wer sich bei einem dieser Motive ertappt fühlt, der weiß, was er beten muss. Er kann Gott um Kraft und um seinen Heiligen Geist bitten, diese egoistischen Motive fallen zu lassen. Er wird die Erfahrung machen, dass Gott ihm beisteht und solche Gebete erhört.

Veränderungen kosten Kraft und Arbeit. Sie müssen wie schlechte Gewohnheiten in kleinen Schritten und mit Geduld abgebaut werden. Nur wenn wir existenziell überzeugt sind, dass Veränderungen notwendig sind, werden wir sie auch mit Gottes Hilfe in Angriff nehmen.

Schritt 18:
Pflegen Sie die Stille!
Lärm, Hektik und Reizüberflutung sind Di-Stress-Auslöser. Viele Menschen haben sich so daran gewöhnt, dass sie selbst im Urlaub oder in der Freizeit Unruhe, Krach und Getöse um sich haben müssen.

Unsere Urlaubsreisen werden immer länger, immer teurer und immer weiter. Tausende von Kilometern legen wir zurück. Die Sehenswürdigkeiten haken wir im Baedeker ab. Wir wollen uns erholen und Kraft schöpfen.

Für den inwendigen Menschen bleibt keine Zeit. Die Reise

nach innen fällt aus. Je weiter wir in den Weltraum vorsto-
ßen, umso weniger Zeit bleibt für uns, für den inwendigen
Menschen. Und doch steht außer Zweifel, dass die Reise
nach innen den Menschen auflädt, ihn mit Kraft ausrüstet.
Das geschieht in der Stille, im Gebet, in der Meditation.

Sind wir in der Lage, inne zu halten, uns zu besinnen und die
Ewigkeit, die Stimme des lebendigen Gottes, in unser Leben
zu lassen?
Nur, wo wir schweigen, kann Gott reden.
Nur, wo wir zur Ruhe kommen, kann Gott zu Wort kommen.
Nur, wer Hetze und Atemlosigkeit abstreift, wird den Atem
der Ewigkeit verspüren.

Auch Jesus gibt seinen Jüngern einen klugen Rat: „Geht ihr
allein an eine einsame Stätte und ruhet ein wenig. Denn ihrer
waren viele, die ab und zu gingen; und sie hatten nicht Zeit
genug zu essen" (Markus 6,31).
Man sollte es nicht für möglich halten, doch schon vor 2000
Jahren haben die Menschen offensichtlich ihre Mahlzeiten
heruntergeschlungen. Jesus will seine Jünger vor Stress bewahren und bringt sie zur Ruhe. Denn „alle Krankheiten
beginnen damit, dass man nicht mehr allein auf seinem Zim-
mer sein kann", schrieb der kluge Philosoph und Christ
Blaise Pascal auch schon vor einigen hundert Jahren.
Stille entstresst.
Stille fördert Stärke und Kraft.
In der Stille schweigen die Muss-Parolen.
In der Stille finden wir die Antworten, wie wir Muße prakti-
zieren können.

Literaturhinweise

Kapitel 1: Was ist Stress?
1 Aus: Seniorenecho März u. April/2003, S. 5

Kapitel 2: Wege aus der Überforderung
1 Aus: Psychologie heute, Mai 2003, S. 20ff
2 Aus: Psychologie heute, a. a. O.
3 Hörzu, 12/2003
4 Hörzu, 12/2003
5 Aus: Psychologie heute, 5/2000, S. 16

Kapitel 3: Wenn nur der Erfolg zählt
1 Helga Topel, Das höchste Glück, In: Psychologie heute, [4]1994, S. 64
2 Chris Thurman, Lügen, die wir glauben, Schulte & Gerth, Asslar 1991, S. 60
3 Daniel Yankelovich, Das Ende der fetten Jahre, In: Psychologie heute, 3/1993, S. 36f
4 Heiko Ernst, Selbstsabotage, In: Psychologie heute, 8/1993, S. 20ff
5 Lawrence J. Crabb, In guten wie in bösen Tagen, Brunnen Verlag, Giessen 1989, S. 32f
6 Lawrence J. Crabb, a. a. O., S. 33f
7 Elisabeth Lukas, Psychologische Seelsorge, Herder, Freiburg 1985, S. 140
8 Elisabeth Lukas, a. a. O., S. 144
9 Siegfried Kettling, Typisch evangelisch, Brunnen, Giessen [4]1984, S. 89

10 Paul Tournier, Geborgenheit – Sehnsucht des Menschen, Rascher Verlag, Zürich/Stuttgart 1969, S. 47ff

11 Ulrich Eibach, Herkunft und Bestimmung des Menschen aus biologischer und theologischer Sicht, In: Porta Studien, 21/1975/76, S. 46f

Kapitel 4: Ehrgeiz und seine Folgen

1 Rudolf Dreikurs, Soziale Gleichwertigkeit, Klett, Stuttgart 1972. S. 91f

2 Alfred Adler, Menschenkenntnis, Fischer, Frankfurt 1966, S. 176

3 Reinhard Frische, Der gangbarste Weg. In: Offensive, 3/1986, S. 93ff

4 Rüdiger Porep, In: Wörterbuch der Individualpsychologie, Ernst Reinhardt München/ Basel 1985, S. 511

5 Alfred Adler, a. a. O., S. 170f

6 Horst Eberhard Richter, Der Gotteskomplex, Rowohlt, Reinbek 1989

7 Fritz Künkel, Jugendcharakterkunde, Friedrich Bahn, Konstanz 1957, S. 11

8 Fritz Künkel, Die Arbeit am Charakter, Friedrich Bahn, Konstanz 1964, S. 80

9 Thomas Kopka, Sehnsucht ohne Hoffnung, Verlag der Francke-Buchhandlung, Marburg 1985, S. 100ff

10 Thomas Kopka, a. a. O., S. 100ff

11 Thomas Kopka, a. a. O., S. 106

12 Edvin Løvås, Machtmenschen, Brendow, Moers 1990, S. 17

13 William Barclay, Begriffe des Neuen Testamentes, Aussaat, Wuppertal, 1979, S. 89

14 William Barclay, a. a. O., S. 90

15 Gerhard Bergmann, Kein Tag ohne Jesus, Schriftenmission Gladbeck [2]1974, S. 70

Kapitel 5: Workaholism oder Arbeitssucht
1 Marilyn Machlowitz, Zum Beispiel Arbeitswut. In: Psychologie heute, 6/1985, S. 41
2 Viktor E. Frankl, Psychotherapie für jedermann, Herder, Freiburg 1971, S. 29
3 Aus: Hörzu 26/1994, S. 8
4 Aus: Hörzu 13/1993, S. 1
5 Bernhard H. Shulman, Individualpsychologische Schizophreniebehandlung, Ernst Reinhardt, München/Basel 1980, S. 40
6 Diane Fassel, Wir arbeiten uns noch zu Tode. Die vielen Gesichter der Arbeitssucht, Kösel, München 1991
7 Deine Gemeinde, 9/10/1982

Kapitel 6: Burnout und die Folgen
1 Myron Rush, Ausgebrannt – was nun?, Schulte & Gerth, Asslar 1991, S. 48ff
2 Ulrich Bach, Dem Traum entsagen ..., Neukirchener Verlag, Neukirchen-Vluyn 1986, S. 40

Kapitel 7: Mose – eine biblische Antiburnout-Geschichte
1 Michael Nüchtern, Die Lebenskrise Krankheit im Spiegel biblischer Erfahrungen, Christliche Verlagsanstalt, Konstanz 1989, S. 78
2 Myron Rush, Ausgebrannt – was nun? Schulte & Gerth, Asslar 1991, S. 14
3 Hermann Böhm, in: Contrapunkt, 3/1986, S. 22

Kapitel 8: Vom Muss zur Muße
1 Westdeutsche Zeitung, 5. Mai 2003, S. 28
2 Anselm Grün, 50 Engel für ein Jahr, Herder, Freiburg/Basel/Wien [2]1999, S. 16